성공하는 사람들의

메모습관 &노트기술

성공하는 사람들의 메모습관 & 노트기술

지은이 | 혼다 나오야
옮긴이 | 정택상
펴낸이 | 김성실
제작 | 한영문화사
펴낸곳 | 시대의창
출판등록 | 제10-1756호(1999. 5. 11)

2판 1쇄 발행 | 2008년 3월 26일
2판 9쇄 발행 | 2016년 6월 1일

주소 | 03985 서울시 마포구 연희로 19-1 (4층)
전화 | (02) 335-6121
팩스 | (02) 325-5607
이메일 | sidaebooks@daum.net

ISBN 978-89-5940-248-9 (03320)
책값은 뒤표지에 있습니다.

"Shigotode sagatsuku memozyutsu notezyutsu"
copyright ⓒ2002 by Naoya Honda All rights reserved.

Original Japanese edition published by Pal Publishing Inc.
Korean Translation Copyright ⓒ2008 by Window of Times Publishing Co.
This translation published by arrangement with Pal Publishing Inc. through B&B Agency

성공하는 사람들의 메모 습관 & 노트 기술

혼다 나오야 지음 | 정택상 옮김

시대의창

능력의 8할은 메모 · 노트 습관에서 비롯된다

문득 떠오른 아이디어 스케치, 미팅 약속과 업무 일정 조정, 전화 내용 전달, 회의 내용 정리, 업무 관련 커뮤니케이션, 고객 관리 사항 등은 물론이고 가족 행사나 집안 대소사……. 이 모든 것을 머릿속에만 넣어두고 차질없이 효과적으로 일을 진행할 수 있는 사람이 몇이나 될까?

그래서 메모 · 노트가 필요하다. 동서고금을 막론하고 어느 분야에서든 탁월한 사람들의 공통점은 바로 "메모 · 노트를 잘 활용한다"는 데 있다. 모든 업무가 마찬가지겠지만 특히 비즈니스에서는 메모 · 노트를 얼마나 잘 활용하는지에 따라 업무 능력이 크게 좌우된다. 실제로 탁월한 비즈니스맨은 예외없이 메모 · 노트 활용 기술도 탁월하다.

이 책은 '효과적인 메모 기술'을 중점적으로 다루고 있지만 그것만으론 부족하다는 인식 아래 '효과적인 노트 기술'까지도 다루었다. 메모 · 노트의 요령뿐 아니라 용도에 따라 가장 적합한 도구까지도 친절하게 일러주고자 하였다. 특히 아날로그식 메모 · 노트 도구 활용법뿐 아니라 디지털식 첨단 메모 · 노트 도구 활용법까지 상세히 다룸으로써 젊은 독자들도 충분히 배려하고자 애썼다.

메모 · 노트는 무엇보다 습관을 들이는 것이 중요하다. 아무리 탁월한 메모 · 노트 기술을 익혔더라도 꾸준히 메모하고 노트하는 습관을 들이지 않으면 아무 쓸모가 없다. 일단 습관을 들였으면 자기에게 가장 적합한 도구를 선택하여 가장 효과적인 노하우를 개발하고 익혀야 한다. 아무 생각없이 습관적으로만 메모 · 노트를 하다보면 '메모를 위한 메모' '노트를 위한 노트'가 되기 십상이다. 그래서는 역시 별 쓸모가 없다.

이 책은, 어떤 일을 하든 사회 생활을 하는 사람이라면 누구에게나 유용하리라 믿는다. 아주 세심한 부분까지 실제적으로 다루었으므로 실제 업무에 적용하는 과정에서 부족하거나 틈이 지는 일은 거의 없을 것이다.

이 책을 보는 여러분 모두 자기 분야에서 탁월한 사람이 되기를 소망한다.

혼다 나오야

CONTENTS

PART 1 　일 잘하는 사람이 되자!

PART 2 | 업무에 차이를 가져오는 메모 · 노트의 역할

CONTENTS

PART 3　메모 · 노트를 활용한 커뮤니케이션 기술

PART 4 · 메모의 기본 테크닉

CONTENTS

PART 5   노트 정리의 기본 테크닉

PART 6 　메모·노트에서 빼놓을 수 없는 유용하고 편리한 사무용품

CONTENTS

PART 7 현장에서 활용할 수 있는 메모 · 노트 기법

일 잘하는 사람이 되자!

기본 능력만으로도 이렇게 변한다

일 잘하는 사람은 무엇이 어떻게 다른가?

메모 정리, 노트하기 … 우선 기록 · 정리를 잘한다!

사람들은 누구나 탁월하다는 말을 듣고 싶어 한다. 의욕도 있고 부단한 노력을 들일 자신도 있지만 무엇을 해야 좋을지 모르겠다면 오늘부터 당장 메모 · 노트 활용을 시작하자. 일 잘하는 사람들은 예외 없이 메모나 노트하는 데에 뛰어나기 때문이다.

메모나 노트하기는 지금 바로 시작할 수 있다. 값비싼 도구도 필요 없다. 값비싼 양복을 입을 필요도 없으며, 돈과 시간을 들여 학교에 다닐 필요도 없다. 훌륭하고 고상한 동기가 필요한 것도 아니다. 종이와 펜만 있으면 그 순간부터 시작할 수 있다.

'무엇을 해야 좋을까?' 하고 생각하고 있다면, 우선 오늘 해야 할 일을 종이에 써 보자. 혹은 오늘 전화 연락을 할 사람이라도 좋고, 귀갓길에 사야 할 물건이라도 좋다. 무엇인가를 쓰는 행위 자체는 이미 벌써 훌륭한 메모 · 노트 기법이다.

요즘 같은 디지털 전성시대에 '새삼스럽게'라고 생각하는 사람도 있으리라 본다. 그러나 메모 · 노트는 일정 관리부터 일상 업무, 커뮤니케이션, 거래처와의 상담에 이르기까지 많은 곳에서 저력을 발휘한다. 더욱이 그 효과는 시작한 그날부터 나타난다.

✓ 메모 · 노트 기본 포인트

필요한 것은 종이와 펜뿐. 쉽게 시작할 수 있지만 업무에 미치는 효과는 절대적이다.

메모 · 노트로 업무 능력 향상(skill up)을!

메모 · 노트는 모든 업무의 토대

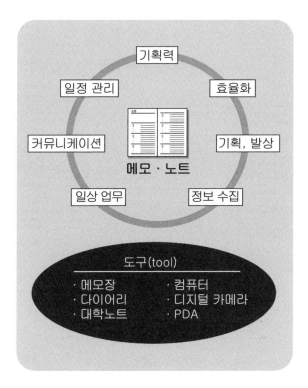

기획력

일정 관리   효율화

커뮤니케이션   기획, 발상

메모 · 노트

일상 업무   정보 수집

도구(tool)

· 메모장   · 컴퓨터
· 다이어리   · 디지털 카메라
· 대학노트   · PDA

약간의 비용과 일단 한번 해보겠다는
의욕만으로 업무 능력을 향상시킬 수 있다

종이와 펜만 있으면 오늘부터 할 수 있다!

UNIT 02 왜 이렇게 업무에서 차이가 날까

메모 · 노트가 업무에 미치는 긍정적 효과

메모 · 노트는 업무 능력을 향상시키기 위해서 반드시 필요한 습관이다. 그러므로 메모를 하는 사람과 하지 않는 사람 사이에는 엄청난 차이가 생겨난다. 도대체 메모를 왜 하는 것일까? 여기에는 몇 가지 이유가 있다.

● 한 번의 설명으로 업무를 확실히 이해할 수 있다

아직 업무에 익숙하지 않은 상황에서는 주위 사람들에게 배울 수밖에 없다. 컴퓨터 다루기, 업무 보고서 쓰기, 거래처 협상시 주의점 등등 배워야 할 일이 태산이다. 게다가 상사는 갈피도 잡기 힘든 지시를 남발하기도 한다. 때로는 과다한 업무라 생각을 하면서도 이 모두를 몽땅 배워 요령 있게 끝내야만 한다.

아무리 신입사원이라 하더라도 "잊어버렸다" "다시 한 번 설명해 달라"는 말을 연신 해 댈 수도 없는 노릇이다.

그러므로 업무 지시를 받거나 무엇인가를 배웠다면 그 내용을 메모장, 노트에 써 두자. 그러면 언제나 내용을 확인할 수가 있고, 기억을 잘못하거나 착각하는 일도 생기지 않는다. 스스로가 편하고, 더구나 상사가 자신을 보는 자세도 훨씬 좋아질 것이다.

업무나 환경에 익숙해지면, '다시 들으면 돼' 하고 얼떨결에 생각해 버린다. 그러나 긴장이 풀어지면 곧 자신을 나태하게 한다. 그러므로 끊임없이 긴장감을 자극하며 정진할 필요가 있다.

왜 메모 · 노트를 해야 할까

한 번 듣는 것으로 족하다
메모 · 노트에 기록해 두면
몇 번씩이나 배울 필요가 없다

 업무 효율 향상

지식이 축적된다
실패를 기록해 두면 같은
잘못을 되풀이하지 않는다

비즈니스맨의
레벨업
(level up)

**자신을 부각시키는
효과가 있다**
자기의 태도를 평가받는 것도
중요한 일이다

 상사나 거래처에
서 좋은 평가를
받음

**커뮤니케이션에 효과가
있다**
효과적으로 대화를 주도하고
주위 사람과 잘 지낸다

 일하기 편한
환경을 조성
협력자가 늘어
난다

- 정보, 노하우로서의 유용성
- 시간 낭비 없이 효율적인 업무 처리가 가능
- 앞으로의 능력 향상으로 연결

● 경험을 다음 업무에 활용할 수 있다

오랜 경험을 쌓다 보면 업무가 몸에 익어 다양한 노하우를 알게 된다.

특히 우리는 무언가를 실패했을 때 많은 것을 배운다. 예를 들어 연락 잘못으로 납품을 늦게 하여 고객의 불만을 샀다고 하자. 이런 때는 심각하게 반성하면서 스스로 원인을 분석하고 문제점의 자초지종을 노트에 기록해 둔다. 그러면 실패를 교훈으로 하여 다음 업무에 활용할 수 있다. 그러나 실패에서 배우지 않으면 어렵사리 익힌 지식이나 경험은 쓸모없는 것이 돼 버린다.

메모 정보는 기록이라는 형태로 언제나 남는다. 이것을 참고하면 같은 실패를 반복하지 않고 다음 단계로 진행할 수 있다.

● 자신을 부각시키는 효과가 있다

회사 직원 중에는 한창 지시사항을 말해 주고 있는데, 줄곧 "네에" "아하" 따위의 무의미한 대답만 하는 사람이 있다. 이런 사람은 실제로는 이해하는 둥 마는 둥 하는 것처럼 보여 '이 사람이 정말 이해하고 있는가?' 하고 불안한 생각이 들게 마련이다.

그러나 그와 달리, 말하는 내용의 핵심 요점을 메모하고 있으면 '정확히 듣고 있구나' 하고 알아차릴 수 있다.

물론 시종일관 고개를 푹 숙이고 빽빽하게 메모 정리만 한다면 곤란하겠지만 적절하게 메모를 하는 자세는 상대에게 신뢰감을 주는 법이다. 메모가 이렇게 주위 사람들에게 자신을 부각시켜 주기도 한다는 것을 알아 두자.

또한 상대방이 말한 사실을 깔끔하게 정리해 두면, 그때 상대방이 어떤 말을 했는지 안 했는지 헷갈리는 문제를 미연에 방지할 수 있다. 특히 고의적이 아니더라도 습관적으로 말을 이리저리 바꾸는 상대방에게 이쪽이 메모를 하고 있는 모습을 보이면 효과가 크다.

또한 나중에 "그런 말은 하지 않았다"고 우기면 "그때 말한 내용을 적어 놓은 메모에는 이렇게 적혀 있군요…" 하고 차분하고 깔끔하게 반박할 수도 있다.

● 커뮤니케이션이 한결 능숙해진다

사람들과 커뮤니케이션을 잘하려는 노력을 아끼지 말아야 한다.

예를 들어 사람을 처음 만났을 때, 그 사람의 업무 내용이나 전문 분야나 흥밋거리 등에 대해 대화하며 얻은 정보는 메모·노트에 기록해 둔다. 그렇게 다음에 만날 때 그 노트 내용을 실마리로 삼아 대화를 하면 커뮤니케이션이 훨씬 순조로워진다.

사람에 따라서는 개인 정보를 일일이 기록하는 일이 내키지 않을 수도 있겠지만, 다른 사람과의 만남도 업무의 하나인 만큼 꾸준히 노력하여 커뮤니케이션 능력을 높이도록 하자.

✔ 메 모 · 노 트 기 본 포 인 트
업무의 기획에서 커뮤니케이션에 이르기까지 메모·노트는 반드시 필요한 습관이다.

UNIT 03

기록하는 일이 스스로에게 얼마나 긍정적으로 작용할까

'쓰는 것은 귀찮다'는 생각은 사실과 반대다. 쓰지 않으면 더 귀찮아진다.

비즈니스맨은 항상 바쁘다. 그런 만큼 시간을 낭비할 수 없다.

그러나 "바쁘다!" "시간이 없다!"고 변명하면서 메모를 하지 않는 태도는 본말이 전도된 상황이라 하겠다. 메모 · 노트는 바쁜 사람에게 더 효과를 주기 때문이다.

● 생각하는 것을 바꿀 수 있다

누구나 실감할 수 있는 가장 큰 장점은 메모장이나 노트에 기록해 두면 '일일이 머리를 쓰지 않고서도 일을 끝낸다'는 점이다. 요컨대 업무를 즐길 수 있다는 사실이다.

휴식시간에 담배를 사러 외출하려고 하면 '디스 플러스' '캔커피' '떡볶이' '야채튀김' 등등 다른 부탁을 받는다.

이것을 모두 기억하려고 하면 다른 일이나 상황에 대해 잊어버리기 일쑤다. 게다가 혹시나 야채튀김 사는 것을 잊거나 했다면 책망을 들을 것이 뻔하다. 그러나 메모를 해 두면 물건을 사는 와중에 다른 일이나 상황을 생각하더라도 부탁받은 물건을 빠뜨리고 못 살 염려는 없다.

메모 · 노트는 '기록'이다. 일단 기록하면 달리 기억할 필요가 없다. 머릿속의 기억이 완전히 없어지더라도 메모 · 노트를 다시 읽을 수 있기 때문이다. 또한 지금까지 기억하느라 들인 노력을 다른 일에 돌릴 수 있기 때문에 이렇게 즐거운 일도 없는 셈이다.

메모 · 노트의 장점

생각하는 것을 바꿀 수 있다

메모 · 노트에 기록하면 기억하지 않아도 된다

그만큼 다른 일에 머리를 쓸 수 있다

업무 효율이 오른다

기록해 두면 같은 잘못이나 행동을 반복하지 않는다

일을 체계적으로 생각 할 수 있다

종이에 써 봄으로써 머릿속에서 막연하게 존재하던 것을 구체화된 형태로 정리한다

유용한 정보가 축적된다

중요한 정보를 흘려 듣지 않는다

제대로 기록해 둠으로써 지식으로 축적한다

정보 정리 능력이 향상 된다

정보의 선택 능력, 정보의 정리 능력 등을 자연스럽게 익힐 수 있다

신상품 회의
1/15 15:00~
마포 ○○호텔
1층 커피숍
· 기획서를 준비한다
· 이 부장에게 전화

메모 · 노트를 함으로써 시간과 자신의 능력을 최대한 활용할 수 있다

● 업무 효율이 오른다

예를 들어 '파워포인트'의 사용법을 동료에게 배웠다고 하자. 그때는 완벽하게 이해했다고 생각했더라도 막상 혼자서 하려면 '이건 어떻게 하는 거지?' 하며 아무리 매뉴얼을 들춰봐도 헷갈리는 기능이 한두 가지가 아니다. 결국 그 자리에 가르쳐 주는 사람이 없으면 작업은 거기서 중단된다. 게다가 다시 한 번 똑같은 내용을 가르쳐 달라고 부탁하면 상대에게 폐를 끼치는 셈이다. 이렇게 되면 업무 효율성도 매우 떨어져 회사에서 눈총받기 십상이다.

처음에 설명을 들을 때에 제대로 노트에 기록하고 간단한 설명서를 만들어 놓는다면 나중에 필요할 때 그것을 읽기만 하면 된다. 제대로 정리하여 기록해 두면 다른 사람이 볼 수도 있기 때문에 매우 효율적이다.

● 상황을 정리하여 체계적으로 생각할 수 있다

"A사에 샘플을 전달해라… 보고서를 작성해라… B사에 견적서를 보내라…"—이런 일들이 한꺼번에 밀려오면 누구나 혼란에 빠진다.

업무에는 우선 순위가 있다. 샘플을 전달한다 하더라도 약속을 잡거나 샘플 상품을 준비하거나 하는 등 부수적인 일이 많다. 차분히 생각해서 순서에 맞게 업무를 처리해야 한다.

이럴 때에는 혼란에 빠지지 않기 위해 무엇을 먼저 해야 하는지 하는 순서 따위를 간단히 메모해 두는 것이 좋다. 그러면 머릿속에 어수선하게 널려 있던 정보를 깔끔하게 정리할 수 있다. 여기에서 무엇보다 중요한 점은 순서에 맞게 시간을 낭비하지 않으면서 일을 처리할 수 있도록 업무에 우선 순위를 부여하는 일이다.

● 유용한 정보를 축적한다

동료나 친구와의 대화, 신문이나 TV, 인터넷 등 우리는 엄청난 양의 정보에 둘러싸여 있다. 개중에는 쓸모없는 정보도 많지만 유익한 정보도 많다.

그러나 매우 많은 정보를 접하고 있기 때문에 애써 유익한 정보를 얻더라도 아무것도 하지 않으면 그대로 흘러갈 뿐이다.

그래서 '이것이다' 하고 생각하는 정보가 있으면 메모장이나 노트에 기록하자. 이것을 습관으로 익히면 언젠가는 정보가 지식으로 쌓일 것이다.

● 정보 처리 능력이 향상된다

메모·노트를 하는 행동 자체도 자신의 능력 개발에 한몫을 한다.

메모·노트 작업은 간단한 일이기는 하지만 실은 머리를 사용하는 작업이기도 하기 때문이다. 메모나 노트 작업을 습관 들여 하면 대화 중에 유용한 정보를 훨씬 빨리 파악하고, 내용을 가다듬고, 수집한 정보를 체계적으로 정리하는 능력도 쌓을 수 있다.

그러므로 꾸준한 습관 들이기가 처음에는 얼마간 귀찮고 번거롭겠지만 애당초부터 버릇으로 단단히 몸에 익혀 두는 것이 중요하다.

☑ 메 모 · 노 트 기 본 포 인 트

메모·노트는 모든 업무를 향상시킨다.

커뮤니케이션의 기본

인사부터 몸가짐에 이르기까지 비즈니스 예절을 재점검하자.

인사조차 하지 않는 비즈니스맨에게는 아무도 업무를 제대로 주지 않는다. 업무 처리 능력이 아무리 탁월하더라도 인간 관계에 문제가 있으면 자기에게 오는 좋은 기회가 자연 줄어든다.

비듬투성이 머리, 구깃구깃한 양복, 존댓말도 제대로 사용하지 않고 으스대는 태도 … 이런 식은 '아니올시다'라 하겠다.

비즈니스맨이 업무만 잘한다고 탁월한 것은 아니다. 주위 사람과의 커뮤니케이션 그리고 기본적으로 사회인으로서 예절도 몸에 익혀야만 한다. 메모·노트 잘하는 기법은 이러한 기본이 몸에 배어 있고 난 다음의 문제다. 자기는 아무 문제도 없다고 생각하는 사람이 많겠지만, 의외로 많은 사람들이 이를 제대로 실천하지 못하는 것이 현실이다. 이제부터 설명할 '기본 능력'을 복습하자.

● 인사는 바르게 한다

인사는 모든 것의 기본이다. 처음에는 주의를 기울이더라도 점차 소홀해지는 법이다. "안녕하세요" "실례합니다" 하면서 다른 사람을 만나면 반드시 소리내어 인사를 하자.

상대방의 호의에 대해선 "고맙습니다" 하는 말로 감사의 뜻을 표현하자. 또한 자기가 잘못한 경우에는 반드시 "죄송합니다" 하는 사과의 말을 잊지 말자. 아무리 아랫사람이라도 깍듯하게 존중하는 겸손함이 중요하다.

비즈니스 예절과 커뮤니케이션

인사
때와 장소에 따라 인사를 스스로 한다

소리내어 확실히 한다

감사, 사과도 잊지 않고 한다

마음가짐
몸가짐은 말쑥하게 한다

청결함이 충만한 모습으로 상황에 걸맞는 복장을 한다

하루에 몇 번씩 거울을 본다

비즈니스 매너의 기본

경어
올바른 경어를 익힌다

예사말, 존댓말을 정확하게 가려쓴다

명함
맨 앞의 것부터 건네준다

상대방 명함은 양손으로 받는다

대화 중엔 상대의 이름을 부른다

대화 중엔 상대방 명함을 책상 위에 놓아 둔다

기본적인 비즈니스 예절에 추가하여…

커뮤니케이션
업무에 필수적이다

동료, 상사, 거래처 등과의 커뮤니케이션을 빼놓지 않는다

일상 업무
업무의 대부분을 차지하는 잡다한 일들

꾸준하고 확실하게 완수하는 것이 중요하다

이상은 업무 능력 향상의 대전제다

항상 의식하면서 확실히 몸에 익히는 습관이 중요하다

● 몸가짐을 단정히 한다

사람과 만나기 전에 거울을 보고 머리나 복장에 흠은 없는가 살핀다. 식사 후에는 가능하면 이를 닦는다. 캐주얼 복장을 허용하는 직장도 있지만 외출할 때는 양복으로 갈아입는다든지 하며 TPO (Time 시간, Place 장소, Occasion 상황을 말함—역자 주)를 고려하는 것도 중요하다.

남자 눈으로 보더라도 깨끗해 보이지 않는 사람이 꽤 많다. 특히 냄새에는 신경을 써야 한다. 본인에겐 좋은 향기이더라도 주위 사람에게 주는 불쾌감은 꽤 크다. 사람의 인상은 첫인상에서 거의 결정된다. 겉모습에서 낮은 평가를 받는 것만큼 수지 안 맞는 장사도 없다.

● 비즈니스 예절을 몸에 익힌다

명함…외근이 잦은 사람이라면 명함을 주고받는 일이 일상적이다. 맨 앞에 있는 것부터 꺼낸다든지 하는 명함을 건네주는 행동에도 일정한 룰이 있다는 점을 한번 더 복습해 보자.

언어 예절…익숙해진다고 올바르게 사용할 수 있는 것은 아니기 때문에 한번쯤 언어 예절에 관한 책을 구해 읽어보도록 하자. 자신은 의식하지 못하더라도 은연중 "우리 회사 사장님이 한 말이시지만"처럼 틀린 표현을 쓰는 사람이 흔하기 때문이다.

● 인간 관계를 소중히 여긴다

인간 관계의 좋고 나쁨은 업무 평가와 직결된다. 상사나 부하, 거래처, 주위 사람과 좋은 관계를 지속할 수 있도록 남을 배려하는 것을 잊지 말아야 한다. 학생 시절의 친구 등 여러 모임에 얼굴을 내민다.

다른 업계의 일을 알면 식견이 넓어지고 심적으로도 여유가 생긴다.

신입사원이라면 잘 알지 못하는 업무 사항은 주위 사람에게 솔직하게 묻는다. 부탁을 받은 상대는 기분이 좋아지는 법이므로 서서히 신뢰 관계가 형성된다. 자기 혼자서 모든 것을 해결하려 들지 말고 주위 사람과의 커뮤니케이션을 끊임없이 지속해야 한다.

● 입장을 분별하여 일상 업무는 겸손하게 완수한다

업무를 시작한 지 2~3년쯤 되면 누구나 조금이라도 자신감이 생겨난다. '빈 수레가 요란하다' 는 속담처럼 이때가 위험하다.

주위의 충고를 듣지 않거나, 상사에 제출할 보고서를 늦장 부리거나, 불손한 언동으로 자기의 능력을 과시하거나 한다. 평범한 일에 불만이 쌓여 자기도 모르게 소홀하게 되는 경우도 있다.

건방진 녀석이라고 찍히면 신뢰를 회복하기는 매우 어렵다. 특히 상대방이 고지식한 타입이라면 몇 년씩 응어리가 안 풀려 신뢰 회복이 쉽지 않다. 자신은 어디까지나 일개 사원이며, 아직도 배워야 하는 처지임을 망각하지 말자. 자존심만 높아봐야 스스로 지쳐 헐떡일 뿐이다. '벼는 익을수록 고개를 숙인다' 는 속담이 있듯이 실제로 '내가 제일' 이라고 여기는 사람은 정말로 그런 모습을 보이지 않는 법이다. 자신감이 생길수록 누구이건 겸손하게 대하도록 하자.

✓ 메모 · 노트 기본 포인트

결코 초심을 잊지 말고 비즈니스맨의 기본을 반복하여 확인하라.

UNIT 05

생각하는 것을 게을리하지 마라

아무것도 생각하지 않는 사람이 얼마나 많을까?

'신입사원'이라는 딱지가 없어질 즈음 업무나 환경에 익숙해지면 보통은 조금씩 늘어지게 마련이다. 그 결과 '들은 일만 한다' '알고 있는 일만 한다'는 나태한 비즈니스맨으로 전락하기 십상이다.

실제로 업무에 쫓기다 보면 조금의 여유를 갖고 생각할 시간도 내기 힘들다. 또한 일상 업무는 척척 기계적으로 오류 없이 처리해야 할 필요도 있다. 그렇지만 늘상 같은 업무라고 하여 타성에 젖은 사람에게는 진보란 있을 수 없다.

한 시간에 끝낼 업무에 네 시간이 걸렸다면 '뭐가 잘못되었나' '어떻게 하면 효율이 좋아질까' 하고 원인과 개선책을 분석하자. 새로운 아이디어가 떠오르면 '구체적인 기획으로 만들려면 어떻게 해야 할까'를 곰곰이 생각해 보자. '왜' '어떻게 하면'이라고 생각할 만한 소재는 얼마든지 굴러다니고 있을 것이다.

정보는 메모장, 노트에 기록할 수 있다. 그러나 '생각하는' 행위는 인간밖에 할 수가 없다. 머리로 생각해서 얻은 노하우를 메모·노트에 기록하고 축적하는 것이 정보의 진정한 활용이다.

인간은 생각하는 행위를 멈추면 끝장이라는 걸 명심하자.

✓ 메모·노트 기본 포인트

생각하지 않으면 진보는 없다. 항상 자기 생각을 가져야 한다는 점을 명심한다.

항상 '생각하는' 자세가 중요하다

| 납품 후 고객으로부터 사진과 제품이 차이가 난다는 클레임이 있다 | 판촉활동 보고서 작성에 꼬박 이틀이 걸렸다 |

왜 그렇게 되었을까 ?

원인

· 주문을 받을 때 확인하지 않았다
· 납품 전에 한번 더 확인하지 않았다

· 업무를 하면서 전혀 기록하지 않았다
· 어떤 서식으로 보고서를 작성해야 할지 몰라서 알아보느라 시간이 걸렸다

대책

· 주문을 받을 때 들은 것은 메모나 노트에 써 둔다
· 납품 전에 확인해 둔다

· 평상시에 업무에 대한 노트를 정리하여 업무 기록을 남겨둔다
· 보고서의 서식을 준비해 두거나 견본을 보관해 둔다

일상 생활, 일상 업무 중에 적극적으로 생각거리를 찾는다

실패를 끌어안고서 끙끙대는 것은 금물
실패에서 배운 것을 다음 업무에 응용한다!

항상 차분하게 자기의 생각을 유지함으로써 의미 있는 대화를 할 수 있다
그리고 커뮤니케이션도 향상된다

민첩하게 행동한다

해야 할 일은 미루지 말고 즉시 실행하는 습관을 익힌다.

✖ 해야 할 일은 되도록 빨리 한다

마감날이 닥치지 않아서 일할 마음이 들지 않고, 편한 일에만 손을 대고 귀찮은 일은 미루고, 받은 우편물을 며칠이나 뜯어보지 않고, 책상 위는 서류 더미로 가득하다…. 이런 모습은 게으름이 습관이 되어 버려 정리하기를 미루는 사람의 기본적인 행동 방식이다.

회사에 출근하는 사람은 동료들의 눈이 있어서 오히려 낫지만, 프리랜서처럼 독립적인 직업을 가진 사람은 모든 것을 스스로 관리해야 한다. 이들은 몇 시에 일어날 것인지, 몇 시까지 일을 할 것인지를 자기 마음대로 하기 때문에 마음을 다잡지 못하고 점점 긴장감이 풀어지게 마련이다.

누구에게나 경험이 있을 텐데, 일을 미루면 미룰수록 더 하기 싫어지는 법이다. 그리고 품과 시간도 더 많이 든다. 일을 쌓아 놓고 있는 정신적인 압박은 꽤 크기 때문에 '아, 또 저 일이 남아 있구나…' 하는 생각이 들면 간단한 일도 손을 대기 싫어진다.

상사의 감시가 있거나 납기일이 임박하거나 무엇인가 압박하는 것이 없으면 행동하지 않는 것이 인간의 본성이다. 그러나 해야 할 일은 스스로 시작하지 않는 한 끝나지 않는다.

일이 생기면 우선 순위를 정하여 긴급한 사항부터 차례대로 처리하자. 이는 항상 의식적으로 실행할 필요가 있다.

검토한 서류는 내팽개치지 말고 그 자리에서 바로 정리정돈하는 습관을 익힌다. 플로피 디스켓에 데이터를 보관해야 한다면 그 자리에서 즉시 라벨을 붙여 둔다. 아무리 사소한 일도 그때그때 처리하지 않고 미루다보면 산더미처럼 쌓이게 마련이다.

또한 지시를 받으면 "나중에 하겠습니다" 하지 말고 즉시 행동하는 것이 중요하다. 현재 하고 있는 업무가 중단된다든가 하는 약간의 혼란이 있을 수 있지만 능숙하고 시원시원하게 일을 처리하는 모습이 훨씬 낫고, 게다가 주위에 신뢰감을 심어 줄 수 있다.

❌ 사생활도 충실히 즐기면서 동시에 업무의 강약을 조절한다

자유가 넘쳐나면 미루는 습관은 더욱 심해진다.

그런 상황에서는 '즉시 해야만 하는 이유'를 스스로에게 납득시키는 것이 좋다.

예를 들어, 밤에 친구와 만날 약속이 있다면 약속을 지키기 위해서 업무를 빨리 끝내려고 노력한다. 너무 바빠서 그럴 여유도 없다는 사람도 있지만, 사생활이 충실하지 않으면 업무 의욕도 생기지 않는다. 저녁에는 다른 사람들과 식사를 하거나 취미생활에 시간을 할애하거나 함으로써 업무 이외의 시간을 충실히 즐겨야 한다. 바쁜 만큼 기분 전환도 훌륭하게 이뤄지면 이후에 업무도 한결 능률이 오를 것이다.

한 시간에 끝낼 일을 세 시간이나 질질 끌고, 밤 늦게까지 회사에 남아서 '오늘 하루도 열심히 일했다'고 생각한다면 착각이다. 정말로 탁월한 사람은 그 자리에서 즉시 업무를 처리하는 사람이다.

✓ **메모·노트 기본 포인트**

귀찮은 일은 미루지 않는다. 결심했다면 민첩하게 행동한다.

준비를 잘 한다

실수 없이 준비할 수 있는 사람이 역시 일도 잘 한다.

일 잘하는 사람은 예외 없이 준비를 잘 한다.

어떤 일이나 정성 들여 준비를 갖춘다. 또한 무리 없이 적절하게 일정 관리를 한다. 그럼으로써 주어진 조건 속에서 최선의 결과를 이끌어낸다.

일상 업무, 거래처 방문, 상사에게 지시받은 자질구레한 일, 부하에게 지시할 업무 등등 책임 있는 자리에 있으면 매일 산더미 같은 업무를 모두 스스로 관리하고 실수 없이 완수해야만 한다. 준비의 중요성을 통감하지 않는 날은 아마 없을 것이다.

그런데 여러분은 탁월한 비즈니스맨이란 단어에서 누가 떠오르는가? 아마도 업무를 신속히 처리하는 사람, 동료나 상사 사이에서 평판이 좋은 사람, 거래처의 수가 많은 사람 등이 떠오를 것이다. 그렇다고 자기는 어디에도 속하지 않는다고 기죽을 필요는 없다.

탁월하다는 것은 특별한 재능을 부여받았기 때문이 아니다. 훌륭한 재능은 정성스런 준비의 결과이며, 거래처가 많은 것은 훌륭한 일정 관리 덕분이다. 게다가 내용이 알찬 보고서를 빨리 작성하는 노하우는 아마도 업무 기록을 매일 정리해 두었기 때문인지도 모른다. 즉, 탁월함의 원인은 훌륭한 준비 기술이다.

결국, 준비를 잘 하면 탁월한 비즈니스맨이 될 수 있다. 특별한 재능이나 경험, 훈련은 전혀 필요치 않다.

그렇다면 어떻게 해야 준비를 잘 할 수 있을까? 우선 매일 업무를 처리하면서 느낀 문제점을 나름대로 생각해 보자. '어떻게 하면 효율이 오를까?' '더 적절한 방법이 없을까?' 등 스스로 좀더 좋은 방법을 생각해 보는 것이다.

이때 생각한 방법은 훗날 준비 작업에서 없어서는 안 될 결정적인 노하우가 된다. 이 노하우를 구체적인 형태로 보존하고 축적해 두는 일이 중요한 포인트다.

바로 이 대목에서 훌륭한 준비와 메모·노트의 불가분 관계가 등장한다.

우선 축적한 노하우를 기록하여 보존해 두기 위해서는 메모·노트가 반드시 필요하다. 단지 머릿속에서만 생각한 사항은 곧 잊혀지기 때문이다.

또한 훌륭한 준비 작업을 하려면 업무의 흐름, 일정 등을 완전히 파악하지 않으면 안 되는데, 이것을 정리하는 데에도 노트가 필요하다.

시간의 관리와 활용에는 일정 관리가 핵심인데, 머릿속으로만 계획을 세우고 정리하는 데엔 한계가 있다. 수첩 등에 써서 확인하는 수고가 꼭 필요하다. 즉, 메모·노트는 준비 작업에서 빠질 수 없는 수단이며, 메모·노트를 기록함으로써 누구나 준비를 잘 할 수 있을 것이다.

✓ 메모·노트 기본 포인트

일상 업무를 능수능란하게 처리하는 것이 준비를 잘 하는 지름길이다.

업무의 우선 순위를 정한다

우선 순위를 정하여 효율적으로 업무를 처리한다.

✖ 우선 순위가 높은 업무부터 시작한다

비즈니스맨은 항상 여러 일을 동시에 처리하고 있다. 한 번에 많은 일을 하고 있더라도 혼란에 빠지면 안 된다. 냉정히 지금 할 일을 차례차례 나열하여 메모해 보자. 그리고 긴급한 일인가, 일주일이 걸려도 괜찮은 일인가를 판단하여 우선 순위를 결정한다.

업무는 반드시 우선 순위가 높은 일부터 처리한다. 업무를 먼저 받은 순으로 처리하는 짓은 절대로 금물이다. 지시받은 업무를 맨 먼저 시작하지 말고, 우선 순위가 높은 업무를 먼저 처리하는 것이 철칙이다. 우선 순위가 높은 업무란 다음과 같은 유형이다.

■ 긴급한 업무

돌발적으로 발생한 긴급을 요하는 업무, 이것을 가장 먼저 시작한다. 현재 하고 있는 업무가 있다면 이에 임기응변으로 대응할 필요가 있다.

■ 팀 단위로 하는 업무

자기가 남아서 어떻게든 할 수 있을 법한 일은 뒤로 돌린다. 그리고 직원이나 다른 업체의 협력을 얻어야 할 업무는 먼저 진행한다. 인원이 더 필요해지거나 지시를 내리고 받고 할지도 모르고 그 밖의 상황이 발생하여 의외로 애를 먹을 수도 있기 때문이다.

■ 브레인 워크(brain work)

우선 순위는 앞의 두 가지 일 다음이지만, '신상품 기획안 제출'이란 업무는 얼마나 시간이 걸릴지 예측하기 힘들다. 의외로 간단하게 한 시간에 끝낼 수도 있지만 일주일이나 생각을 거듭해도 진척이 없을 수도 있기 때문이다. 먼저 일을 해 보고 대략이라도 얼마나 시간이 걸리는지를 가늠하여 다른 업무와 병행하는 것이 좋다.

✖ 중요한 업무는 시간을 확보하라

중요한 업무는 시간이 좀 걸리더라도 신중하게 처리하는 자세가 좋다. 보통 그런 사람이 많으리라 본다. 신중하게 업무를 처리하려면 틈틈이 남는 자투리를 모은 시간이 필요한 것이 아니라 어느 정도 넉넉히 확보한 시간이 있어야 한다.

이 시간을 확보하는 것은 자질구레한 업무 처리를 얼마나 효율적으로 처리하느냐에 달려 있다.

예를 들어 전화 연락이나 메일 송신, 우편물 개봉 등 자질구레한 일은 항상 같은 시간을 정해서 처리하도록 한다. 또한 컴퓨터로 작업할 문서는 한꺼번에 작성하고, 비슷한 업무는 모아서 한꺼번에 처리하는 버릇을 갖는다. 자질구레한 일이라도 긴급하고 중요한 업무라면 뒤로 미루지 않는다. 그러지 않기 위해서도 정확하게 준비 작업을 하여 업무를 진행하는 것이 중요하다.

✔ 메모 · 노트 기본 포인트
준비를 잘 하는 사람은 우선 순위가 높은 업무부터 일을 시작한다.

UNIT
09

일정 관리에서 차이가 생긴다

시간에는 사용법이 있다. 주어진 시간을 어떻게 활용해야 하는가?

✖ 일정 관리로 시간을 효과적으로 활용한다

비즈니스맨이라면 시간 관리가 중요하다는 점을 누구나 실감할 터이다. 시간을 들이면 훌륭한 작품이 나오는 것은 당연하지만 납기가 늦어지면 인수한 업무조차 못해 버린다. 모처럼 업무 의뢰를 받았는데도 "바빠서 할 수 없습니다"라고 하는 변명은 말도 안 된다.

주어진 시간은 한정되어 있다. 시간을 잘 쪼개써서 최선의 결과를 이끌어내는 것이 중요하다. 이를 위해서는 일정 관리를 얼마나 잘 하느냐가 중요하다.

수첩을 예정 사항으로 빼곡이 채워 넣으면서 열정을 쏟는 사람도 있지만, 일정 관리라는 관점에서 보면 칭찬할 일이 못 된다. 무리하게 예정을 채워 넣는 행위는 쓸데없이 스트레스만 생기게 하는 짓이기 때문이다. 그 결과 예정의 반도 처리하지 못하는 경우도 생긴다. 결국 시간을 효과적으로 활용하지 못한다는 증거일 뿐이다.

✖ 일정은 주간 일정부터 써 넣는다

일정에는 연간 일정, 월간 일정과 같은 큰 단위의 일정이 있다. 그러나 일상 업무를 진행하기 위해 매일 확인할 필요가 있는 사항은 주간 일정과 일일 일정이다. 연간, 월간과 같은 큰 틀에 구애받지 말고 주간 단위, 하루 단위의 일정을 중심으로 생각하자.

우선 수첩에는 일주일 간의 일정부터 써 넣는다. 처음부터 하루 일정을 꽉 채워 넣으면 나중에 차질이 생기기 쉽다. 지난주에 넘어온 잔여 업무가 있으면 우선 그것을 기입한다. 그리고 신규 업무를 써넣는다.

주간 일정이 채워지면 일일 일정을 세세하게 결정하자.

업무의 우선 순위를 생각하면서 여유를 두고 일정을 써 넣는 자세가 포인트다. 특히 급하지 않은 업무의 경우에 하나하나 빼곡이 써넣는다면 압박감만 느낄 뿐이다. 그러므로 확실하게 할 수 있는 일만 써 넣고, 시간이 남는다면 다음날 이후에 예정되어 있는 업무를 하게끔 조정한다.

또한 오늘 미리 다음날 업무를 결정하는 것이 가장 좋다. 업무의 우선 순위는 매일매일 변하기 때문에 며칠 전에 미리 결정을 했더라도 계속 바뀔 것이 뻔하다. 따라서 바로 전날에 해야 할 업무를 정하는 것이 번거로운 변동을 피하는 지름길이다.

✖ 일상 업무를 효과적으로 처리한다

"자질구레한 일이 많아서 정작 지정한 업무를 처리할 시간이 없다"는 푸념을 여기저기서 듣는다. 실제로 비즈니스맨의 업무는 숱한 자질구레한 일의 비율이 높다. 따라서 자질구레한 일을 효과적으로 처리한다면 중요한 업무에 지장을 받지 않을 것이다.

일상 업무 시간을 효과적으로 활용하려면, 다음 사항이 포인트다.

- 비슷한 업무는 모아서 한다
- 하루 중에 처리할 시간을 정한다

예를 들어 컴퓨터로 하는 보고서 작성과 데이터베이스 검색은 한 번에 모아서 처리한다. 몇 번씩이나 컴퓨터 프로그램을 켰다 껐다 하면 번거롭고, 컴퓨터 작업과 서류철 작업을 함께하는 것은 두뇌 회전에도 좋지 않다.

또한 이를테면 메일 검색은 아침, 우편물 검토는 점심… 하는 식으로 매일 할 일을 일정 시간에 하는 것이 좋다. 날마다 이것을 반복하여 습관이 들면 해야 할 일상 업무가 아무리 많아도 부담스럽지 않으리라 본다.

✖ 사무용품은 자기에게 맞는 것을 선택한다

일정 관리를 기억에만 의지할 수는 없다. 예정 업무는 수첩 등에 기록하지 않으면 반드시 착오가 생긴다.

'일정 관리 = 수첩'이라는 고정 관념도 있지만, 포스트잇, 화이트보드 등을 사용해도 무방하다.

자기가 '겉모양을 따지는 타입'이라고 생각하는 사람은 우선 스스로 마음에 들어 하는 수첩을 선택하기 바란다.

✔ 메모 · 노트 기본 포인트

수첩에는 주간 예정부터 써 넣는다.

정리정돈을 해 둔다

책상, 서류, 가방, 컴퓨터 … 역시 깔끔하게 정돈해 두는 것만큼 좋은 것은 없다.

보통 편집자의 책상은 지독하게 어지럽혀져 있다. 모든 서류가 산더미처럼 쌓여서 책상을 덮고 있다. 서류는 책상 위에 다 들어가지 못할 정도라 빼낸 서류는 맨 위에다 두고 있다.

역시 이런 상태로는 제대로 일을 할 수 있다고 보이지 않는다.

매일 날라온 편지, 정보를 보존한 플로피 디스켓, 회의 자료, 원고 등등 조금만 방심하면 책상 위는 이내 산더미를 이룬다. 해결책은 늘 부지런히 정리하는 수밖에 없다. 하다 못해 하루에 한 번, 퇴근할 때 책상 위를 정리정돈하면 서류가 산더미를 이루는 것은 피할 수 있다.

특히 이제부터 메모 · 노트하기를 시작하려는 사람에겐 정리정돈이 필수적이다. 책상 위가 어지러우면 애써 하려는 메모 습관도 확실히 할 수 없다. 노트도 정해진 장소에서 정리하지 않으면 노트를 찾는 것이 일거리다. 그러다 보면 노트 정리도 하지 않게 될 것이 뻔하다.

효율적으로 업무를 하기 위해서도 정리의 방법을 확인해 두자.

● 서류

바인더나 서류함 등의 사무용품을 사용하여 정리한다. 다만 한 종류의 바인더로 서류를 전부 철하려고 하면 안 된다. 보관할 서류의 성격에 따라 몇 종류의 사무용품을 사용한다. 장기 보존이 필요한 대량의 서류는 링바인더에, 매일 바꿔 끼울 서류는 스프링 파일(서류 등을 끼울 수 있도록 만든 파일—역자 주)에 일단 모아 두고, 나중에 분류 ·

정리할 것은 서류함에 넣는 식으로 정리한다면 편할 것이다.

● 가방

넣고 빼고를 자주하면 번거롭기 때문에 필기도구나 포스트잇은 휴대품으로 준비하여 가방에 넣어 둔다. 또한 클리어 홀더(서류 등을 끼울 수 있도록 만든 서류함—역자 주)를 장만해 두면 편리하다. 잡지에서 오려낸 기사나 메모 용지를 끼워 두면 잃어 버릴 염려가 없고, 자료도 구겨지거나 하지 않는다. 전단지 같은 종류는 지하철을 기다리면서 읽고 불필요한 내용은 회사에 가져가지 않고 버린다.

● 컴퓨터

하드디스크에 저장한 중요한 데이터를 잃어 버려 허둥대는 일이 없도록 반드시 복사해 둔다. 복사 기능에서 가장 먼저 떠오르는 도구가 플로피 디스켓이다. 그러나 작은 용량밖에 보존할 수 없고 파손되기 쉽기 때문에 요즘에는 거의 사용하지 않는다. 요즈음은 대용량의 데이터를 보존할 수 있는 CD-R이나 MO(Magneto Optical의 약어로 광자기 디스크 드라이버를 말함—역자 주) 디스크를 이용한다.

● 책상

책상 서랍에는 각각에 걸맞은 쓰임새가 있다. 예를 들어 책상 우측 하단에 있는 서랍의 밑바닥은 깊기 때문에 A4 크기의 홀더가 여유 있게 들어간다. 개별 홀더에 서류를 철해서 서랍에 보관해 두면 많은 분량의 서류를 정리할 수 있다.

> ✔ 메모 · 노트 기본 포인트
>
> 책상 주변은 하루 한 번 정리정돈하는 습관을 들인다.

정리정돈의 4원칙

즉시 정리한다

서류나 편지는 볼 때마다
정리한다

'일단' 책상 위에 놓아 두면
곧 쌓이기 시작한다

나와 있는 물건은 버린다

나와 있는 물건은 휴지통에
버린다

쌓여 있는 서류나 메모는
정기적으로 점검한다

도구를 이용한다

메모나 스크랩 기사는
각각의 성격에 걸맞은
도구로 정리한다

파일이나 상자 등
다양한 도구가 있다

수납의 규칙을 정한다

필요한 서류는 정리해야
할 장소에서 정리한다

메모는 늘 같은 장소에
보관하고, 노트는 늘 일정한
장소에 놓아 둔다

● 찾는 수고를 덜 수 있다
● 업무를 잘 처리할 수 있다

넣어 둘 곳을 정한다

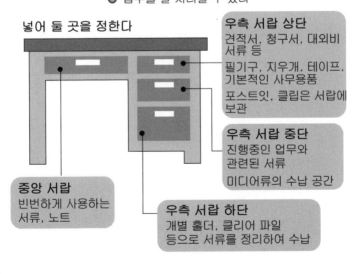

우측 서랍 상단
견적서, 청구서, 대외비
서류 등
필기구, 지우개, 테이프,
기본적인 사무용품
포스트잇, 클립은 서랍에
보관

우측 서랍 중단
진행중인 업무와
관련된 서류
미디어류의 수납 공간

중앙 서랍
빈번하게 사용하는
서류, 노트

우측 서랍 하단
개별 홀더, 클리어 파일
등으로 서류를 정리하여 수납

UNIT 11

컴퓨터 조작 능력은 익혀 둔다

할 수 없다는 것은 말이 안 된다. 자기 돈을 들여서라도 정복하라.

컴퓨터 덕택에 기업은 돈, 시간, 인력 낭비를 크게 줄였다. 컴퓨터는 사용하지 않을 경우엔 장식품에 불과하지만, 컴퓨터를 제대로 쓰지 못하는 사람은 장식품조차로도 취급받지 못하는 신세로 전락해 버리고 만다. 아날로그 인간에게 컴퓨터를 다루는 일은 힘든 일이다. 그러나 얼마간 고생을 사서 하는 한이 있더라도 컴퓨터는 써야만 한다. 그렇지 않으면 업무 자체를 제대로 소화해 내지 못할 것이 뻔하다.

여러분도 인터넷이나 메일을 사용하기에 키보드 조작은 가능하겠지만 '인터넷 익스플로러' '아웃룩 익스프레스' 정도로는 안 된다. 컴퓨터를 제대로 활용할 수 있다고 자신 있게 말할 수 있으려면 비즈니스 소프트웨어를 사용해야만 한다.

반드시 익혀야 할 비즈니스 소프트웨어는 엑셀, 워드, 파워포인트 세 가지다. 어느 것이나 초보자가 접근하기 쉬우면서도 여러 기능을 가지고 있는 소프트웨어다.

이상의 세 가지 이외에 데이터베이스 소프트웨어인 '액세스 (access)'도 널리 쓰이고 있는데, 상급자를 대상으로 설계한 프로그램으로 보인다. 만약 사무실에서 모두들 쓰고 있다면 자신도 그 소프트웨어를 쓸 줄 알아야 한다. 보통 능숙히 컴퓨터를 다루지 못하면서 '이제 와서 남에게 배울 수 없다!'는 생각을 가지는 경향이 많다.

이렇게 문제점을 얼렁뚱땅 그대로 방치해 두고 있는 사람은 부끄

비즈니스 소프트웨어를 익히자

○ 엑셀
표 계산 소프트웨어. 표 계산이 중심이지만 데이터베이스 관리, 도표 작성도 할 수 있다
대부분의 것은 엑셀로 처리할 수 있기 때문에 가장 먼저 익혀야 할 비즈니스 소프트웨어다

○ 워드
기본적인 워드프로세서
비즈니스에서 널리 이용되고 있다

○ 파워포인트
프레젠테이션용 자료를 작성하는 소프트웨어
도표를 포함한 자료를 초보자라도 간단하게 작성할 수 있다

러움을 무릅쓰고 다른 사람에게 배우거나, 매뉴얼 책을 읽거나 하여 기본적인 소프트웨어 정도는 다룰 수 있는 소양을 익혀야 한다. 그동 안 의문점으로 써 둔 생각을 모아 적극적으로 조사해 보자. 윗사람에 게 질문받았을 때 "모르겠는데요"라고 머리를 긁적이는 행동만으론 수습이 되지 않는다.

또한 소프트웨어를 자기 나름대로의 방식으로 배운 경우, 소프트 웨어의 기능을 충분히 활용하지 못할 수 있다. 예를 들어 '엑셀'에서

는 수학 데이터를 입력하면 매출 금액을 자동적으로 계산할 수 있는 데도 일일이 전자계산기로 계산하고 있다. 초급자용 입문서를 읽거나 컴퓨터 학원에 다니거나 해서 한 번이라도 정확하게 배우는 것이 낫다. 샐러리맨은 자기 돈을 들여 배우는 일에 민감하지만, 자기 돈을 내서 배우지 않으면 의욕도 생기지 않는 법이다. 이러한 자기 투자에는 인색하게 굴지 않아야 한다.

✔ 메 모 · 노 트 기 본 포 인 트
주요 소프트웨어를 사용할 수 있도록 컴퓨터 기술을 몸에 익힌다.

팀 플레이를 철저히 한다

개인으로는 불가능한 일도 팀이라면 가능하다.

✖ 팀 플레이로 최선의 결과를 이끌어낸다

축구는 팀 플레이 스포츠다. 감독의 지시를 바탕으로 각 선수는 각각의 포지션에서 최고의 힘을 발휘하여 팀을 승리로 이끈다.

그러나 아무리 뛰어난 선수라도 모든 포지션을 맡을 수는 없으며, 감독의 지시에 따르지 않으면 팀에서 방출되는 경우도 있다.

대규모 사업은 대개 몇 명이 팀을 이뤄 진행해 나간다. 개개의 구성원은 홍보, 영업, 접대 부문으로 나눠 각자의 실력을 발휘할 수 있는 분야를 맡아야 한다. 실무와는 다른 차원의 문제이지만, 남을 잘 배려하는 분위기 메이커가 있다면 팀은 좋은 분위기가 되리라 본다.

잘하는 일이 있다면 못하는 일도 있다. 기획은 영업 담당이 힘들어할지도 모르지만, 접대는 기획 담당이 힘들어할 수 있다. 그러나 팀을 이루면 이러한 단점을 서로 도와 개인이 최고의 능력을 발휘할 수 있는 환경이 조성된다. 혼자서는 불가능한 일이 가능해지는 것이다.

✖ 개인 플레이는 스스로를 성장시키지 못한다

팀 작업은 자극의 연속이다. 다양한 의견이 난무하며 배우는 점도 많다. 자기만 어중간한 의견을 낼 수는 없기 때문에 경쟁심도 생겨난다.

물론 팀의 조화를 깨뜨리는 사람도 있다. 예컨대 무엇 하나 자기가 하지 않으려고 하는 사람이 바로 그런 사람이다. 이런 사람은 타인의 능력을 전혀 인정하지 않는 불량한 태도가 있는 데다가 자기 역시 지닌 능력도 없다. 그 때문에 다른 구성원이 그 사람 뒤치다꺼리를 하는 경우도 종종 있다.

개인이 할 수 있는 일은 한계가 있다. 따라서 혼자서 업무를 모두 처음부터 끝까지 하려고 하지 말고 세 명이 세 가지 업무를 각각 분담하는 편이 훨씬 좋은 결과를 낳을 수 있다. 혼자서는 한 달 걸릴 업무가 팀이라면 일주일에 끝날 수도 있다. 분명 여러 명이 공들이면 더 우수한 품질이 나온다. 자기의 능력을 과신하지 않고 다른 사람과 협력함으로써, 한 사람이 두세 사람의 몫을 해낼 수 있는 것이다.

✖ 자기의 능력을 갈고 닦자

그리고 반드시 알아 두어야 할 사항은 '개인의 능력이 있어야 팀 플레이가 가능하다'는 점이다.

아무것도 할 수 없는 사람들만 모여 있다면 거기에서는 아무것도 생겨날 수가 없다.

팀으로 모이려면 우선 개개인이 각자의 능력을 연마해야 한다. 그리고 팀에서 빠져서는 안 될 부가가치를 지닌 사람이 되는 것이 중요하다.

✔ 메모 · 노트 기본 포인트

팀 작업이 최선의 결과를 낳는다.

팀 플레이는 좋은 결과를 낳는다

점잖고 중후한 여성 정장을 만들 때

● 디자이너가 혼자서 모두 떠안고 한다면

- 최고의 디자인
- 시장 욕구(needs)에 부응하지 못하는 제품
- 봉제도 혼자 한다

…이렇게 될 가능성이 짙다

● 그러나 팀이라면

마케팅

디자인

봉제(생산)

- 최고의 디자인
- 시장 욕구(needs)에 따라가는 제품
- 질이 좋다

…히트 상품을 만든다

설사 혼자 하건 여럿이 하건 제품을 만드는 데에 드는 시간과 공력이 비슷하게 걸리더라도 자기가 특별히 잘하는 분야를 살려서 팀을 짜면, 질 높은 제품을 만들 수 있다
또한 생산성도 향상시킬 수 있다

PART 2

업무에 차이를 가져오는 메모 · 노트의 역할

'기록한다'는 것과 '기억한다'는 것을 구분하자

기록과 기억의 장·단점

보존할 수 있다·없다, 가공할 수 있다·없다.

✖ '기록'과 '기억'은 이렇게 다르다!

여러분은 '기록'과 '기억'의 차이를 확실히 인식하고 있는가? 두 단어는 언뜻 비슷해 보이지만 실은 완전히 다른 뜻을 담고 있다. 많은 사람들이 이 두 단어의 뜻을 혼동하는데, 확실히 알지 못하면 왜 메모를 해야 하는지 이해할 수 없다.

- 기록 … 메모·노트에 정보를 보관하는 것
- 기억 … 머릿속에 정보를 넣어 두는 것

이 뜻만 보면 어느 쪽이나 정보를 보존한다는 데에 변함이 없다. 보존하는 장소가 종이인가 머릿속인가만 다를 뿐이다.

그러나 양자는 우선 다음과 같은 점에서 결정적으로 차이가 난다.

- 기록(메모·노트) … 보존이 가능하다
- 기억(머릿속) … 보존이 불가능하다

즉, 정보를 보존하는 데에는 분명히 메모·노트를 통하는 편이 낫다. 대량의 정보를 보존할 수 있으며, 기록의 착오가 없는 한 정확한 내용을 보존할 수 있다. 정리·보관까지 생각하면 언제까지 보존할 수 있다.

이에 비해 인간의 기억력에는 한계가 있다. 기억한 정보는 얼마쯤 지나서는 잊어 버리는 법이다. 최악의 경우 3초만 지나도 잊어 버

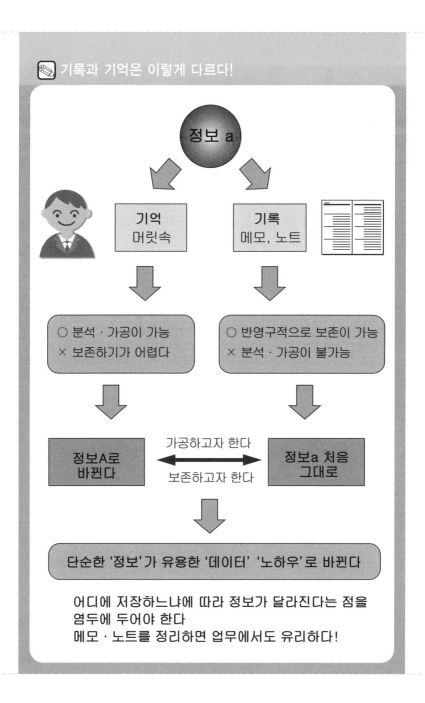

기록과 기억은 이렇게 다르다!

정보 a

기억
머릿속

기록
메모, 노트

○ 분석 · 가공이 가능
× 보존하기가 어렵다

○ 반영구적으로 보존이 가능
× 분석 · 가공이 불가능

정보A로
바뀐다

가공하고자 한다

보존하고자 한다

정보a 처음
그대로

단순한 '정보'가 유용한 '데이터' '노하우'로 바뀐다

어디에 저장하느냐에 따라 정보가 달라진다는 점을
염두에 두어야 한다
메모 · 노트를 정리하면 업무에서도 유리하다!

릴지도 모른다. 또한 뇌의 용량(capacity)에도 한계가 있다. 새로운 정보를 채우면 과거의 정보는 사라진다. 아무리 정확하더라도 기억한 정보는 시간이 지나면 정보가 흐릿해지거나 부정확해지곤 한다.

따라서 정보를 보관해 놓기 위해서라도 메모 · 노트하는 습관이 반드시 필요하다. "기억력에는 자신이 있다"는 사람도 있을 테지만, 아무리 노력해도 메모 · 노트에는 미치지 못하는 법이다.

요즈음 회계 장부를 종이에 써서 계산하는 사람이 얼마나 될까? 대부분 컴퓨터를 이용하는 추세다. 시간 낭비일 뿐만 아니라 착오가 생길 수도 있기 때문이다. 더 능률적인 데에 맡길 수 있는 일은 능률적으로 해야 한다. 그리고 우리는 다른 일에 머리를 써야 하는 것이다. 그러므로 정보 기록도 마찬가지로 메모 · 노트에 맡겨야 하는 것이 당연하다.

✖ 기억의 장점은 정보를 가공할 수 있다는 점이다

그러면 기억은 절대 열위일까? 물론 그렇지만도 않다.

• 메모 · 노트에 기록한 정보 … 가공할 수 없다
• 머릿속에 기억한 정보 … 자유자재로 가공할 수 있다

메모 · 노트의 정보는 언제까지라도 기록했을 때 상태 그대로다. 보존은 할 수 있어도 저절로 가공되지 않는다.

이에 비해 머릿속의 정보는 인간의 생각에 따라 얼마든지 가공할 수 있다. 휘갈겨 쓴 아이디어 메모를 구체적인 기획으로 발전시킬 수 있다. 자유자재다. 보존에 대해선 상대가 안 되어도 가공하는 데에는 월등히 낫다.

❊ 메모·노트와 기억의 팀 플레이가 중요하다

정보는 반드시 메모·노트에 기록한다. 그리고 정보가 필요할 때 이를 추려내어 궁리하고 생각해 본다. 여러 생각 끝에 생겨난 새로운 정보는 다시 메모·노트에 기록한다.

메모·노트를 정리하는 일이나 머릿속으로 생각하는 일이나 어느 한 쪽만 해서는 안 된다. 양쪽의 팀 플레이가 있어야 메모·노트술이 제대로 효과를 발휘한다.

- 보존하고 싶은 것 → 메모·노트에
- 발전시키고 싶은 것 → 머릿속에

메모·노트와 기억, 각각의 역할을 정확히 파악하여 각각의 역할에 따라 정보의 행선지를 나누는 것이 중요하다.

✔ 메 모 · 노 트 기 본 포 인 트

기록하는 것과 기억하는 것은 전혀 다르다. 기록하는 일은 메모·노트에 맡긴다.

정보를 축적하여 노하우로 바꾼다

이것이야말로 메모·노트의 특전이며, 훗날 재산이 된다.

한창 일할 나이인 40~50대는 대체로 아날로그적 세대라 컴퓨터를 쓰는 요령이 그닥 쉽지만은 않다. 막상 컴퓨터가 다운되었을 때엔 다른 사람에게 도움을 구해야 하는데, '우선 Ctrl과 Alt, Del 키를 동시에 누르고…'라고 대처법을 배우면 결코 그것으로 끝나선 안 된다. 반드시 노트에 써 두어야 한다.

배운 정보를 노트에 기록해 두면 나중에 컴퓨터에 기능 이상이 생겼을 때 노트를 참조하여 해결할 수 있기 때문이다. 정보를 노트에 써 두면 정보는 유용한 '데이터' '노하우'로 바뀐다. 그리고 나아가 그 노하우를 보존·축적할 수 있다.

결함이나 문제점이 일어났을 때, '왜 말썽이 생겼을까?' '어디가 잘못된 것일까?' '더 나은 방법은 없을까?' 등등 우리는 이렇게 저렇게 다양하게 생각한다.

'싫은 것은 잊는다'로 일관하는 타입도 많겠지만, 그 자리에서 반성만으로 끝낸다면 비즈니스맨으로서 실격이다. 반성이나 해결 대책은 반드시 노트에 기록하고, 그 정보를 노하우로 습득하여 두 번 다시 같은 잘못을 되풀이하지 말아야 한다. 이것이야 말로 비로소 메모·노트를 효과적으로 활용한 증거다.

✓ 메 모 · 노 트 기 본 포 인 트

노하우로 바꾸는 데엔 기억보다 기록하는 것이 훨씬 더 중요하다.

정보를 유용하게 변환시키자

업무에서 얻은 정보나 경험은 메모, 노트에 기록해 둔다

점검에 시간이 걸려 납기가 늦어졌다		효율적인 방법을 생각하여 노트에 기록해 둔다
상사와 연락 실수가 있었다		원인을 찾아 평가할 점과 함께 노트에 기록해 둔다
'엑셀' 사용법을 배웠다		사용법을 노트에 기록해 둔다
새로운 휴대전화에 관한 정보를 입수했다		수첩에 메모해 둔다
유용한 주식 정보가 가득한 홈페이지를 알았다		홈페이지를 봤으면 북마크 (book-mark)해 둔다
광고 프로젝트가 성공리에 종료되었다		전체의 진행 등을 세세하게 노트에 기록해 둔다
산책 도중 신제품의 아이디어가 떠올랐다		가지고 있는 메모 도구를 이용하여 메모해 둔다

얻은 정보는 반드시 데이터, 노하우로 바꾼다

메모 · 노트는 습관을 들이는 것이 중요하다

어렵다고 생각하지 말고 습관으로 삼는 것이 중요하다.

✖ 무슨 일이든 결국은 '습관'이다

새로운 것에 손을 대는 일은 번거로운 법이다. 게다가 처음에는 좀처럼 일이 잘 풀리지 않는다.

예를 들어 여러분이 처음으로 e-메일을 이용했을 때, 바로 생각대로 할 수 있었는가? 한 통의 메일을 부치는 데 몇 시간이나 악전고투하지 않았는가?

그러나 일단 습관처럼 익숙해지면 고생스럽지 않게 된다. 그러기는커녕 e-메일 없이는 업무도 사생활도 영위할 수 없는 상태가 되는 건 아닐까? e-메일은 시간과 돈을 절약하는 데 크게 공헌했다. 지금은 e-메일이 없으면 대부분 업무를 볼 수 없다고 할 것이다.

✖ 경험을 쌓고 쓰는 것에 익숙해져라

메모 · 노트도 마찬가지로 익숙해지면 아무것도 아니며, 바로 그 장점을 실감할 수 있다.

'쓰는 것이 귀찮아서…' 하는 사람도 있겠지만 메모 · 노트는 요점을 간결히 정리할수록 훨씬 좋기 때문에 문장이 좋다 나쁘다는 전혀 상관없다.

글쓰기 기피증을 극복하려면 쓰는 횟수를 늘려 본다. 우선 연습으로 책을 읽거나 영화를 보면 감상을 쓴다. 짧아도 상관없다. 친구에게 e-메일 보내기를 자주 해 본다. 일기를 쓰는 습관은 특히 효과적이다. 어쨌든 펜을 드는 횟수를 늘린다.

　그러나 많이 써 본다고 글쓰기가 늘지 않는다. 매일 무엇인가를 할 때마다 쓰면, 쓴다는 행동에 저항감이 줄어들 것은 확실하다. 술술 쓰는 데까지 이르지는 못하더라도 싫지만 하는 수 없이 쓰는 기분은 없어지리라 본다. 우선은 습관 들이기에 중점을 둔다.

✖ 구애받지 말자

　메모를 정리하려면 종이와 펜만 있으면 된다. 아름다운 문체, 작가와 같은 표현력 따위는 어느 것도 필요하지 않다. '문장을 쓰는 습관이 없다'라거나 '글자가 못생겼다'라고 생각하는 것 자체가 쓸데없는 짓이다.

- 사소한 데에 구애받지 않는다
- 겉모양(체면)에 구애받지 않는다

　이것이 메모·노트하기를 계속 습관 들이는 요령이다. 거창한 동기를 내세우는 사람도 있지만, 지나치게 의욕을 앞세우면 정체에 빠진다.

　메모를 하면 기억하는 수고를 더는 것이 확실할까?

　처음에는 이 정도의 목적만으로도 충분하다.

✔ 메 모 · 노 트 기 본 포 인 트

구애받는다는 생각은 버리고 계속 메모하는 습관을 들이자.

'TO DO 메모'를 써 본다

메모의 기초는 'TO DO 메모가 최적이다.

이처럼 메모 · 노트를 하라고 하는데도 감이 잡히지 않는 사람은 '오늘 할 일 메모(TO DO)'를 써 보자. 아침에 출근해서 책상에 앉아 오늘 해야 할 일을 모두 쓴다. 노트에다 써도 괜찮고 메모장도 좋다. 핵심은 바로 일정표를 쓰는 일이기 때문이다.

제일 먼저 추천할 노하우는 포스트잇에 쓰는 방법이다. 오늘 해야 할 업무를 한 장에 한 가지씩 쓴다. 그리고 그것을 눈에 잘 띄는 곳에 붙여 둔다. 수첩의 메모란이나 일정 게시판도 괜찮다. 만약 적당한 곳이 없다면 이면지라도 이용하여 벽에 테이프로 붙여 두자. 포스트잇을 붙일 때는 우선 순위별로 늘어 놓는 것이 포인트다.

한 가지 용건을 해결하면 그 포스트잇을 떼어 버리든가 다른 장소로 이동시킨다. 우선 순위가 바뀌면 임기응변으로 포스트잇의 위치를 바꾼다.

하루의 업무를 마치고 퇴근할 때 만약 포스트잇이 남아 있다면 그것은 그 다음날로 이월하여 처리한다. 이 '할 일 메모'를 쓰면 우선 순위대로 해야 할 업무를 차근차근 수월히 끝낼 수 있다.

✓ 메모 · 노트 기본 포인트

메모하는 습관을 길들이는 데에 'TO DO 메모'가 가장 최적이다.

TO DO 메모를 쓴다

해야 할 일을 포스트잇에 써서
우선 순위를 정하여 나란히 늘어놓는다

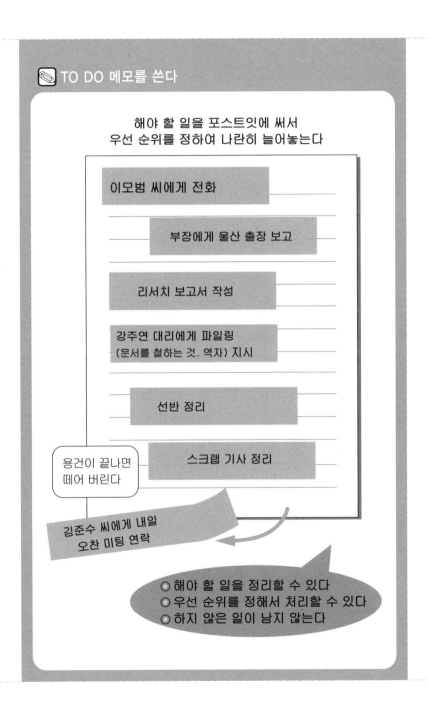

이모범 씨에게 전화

부장에게 울산 출장 보고

리서치 보고서 작성

강주연 대리에게 파일링
(문서를 철하는 것. 역자) 지시

선반 정리

스크랩 기사 정리

용건이 끝나면
떼어 버린다

김준수 씨에게 내일
오찬 미팅 연락

○ 해야 할 일을 정리할 수 있다
○ 우선 순위를 정해서 처리할 수 있다
○ 하지 않은 일이 남지 않는다

메모의 기본

정확하고도 간결하게 정보를 전하기 위한 테크닉을 배우자.

한마디로 메모라 해도 오른쪽 그림과 같이 여러 가지 메모가 있다. 여러분에게는 어떤 메모가 필요할까? 이것저것 동시에 시작해 봐야 좌절할 게 뻔하므로 자기에게 필요한 사항만 해보자.

주의해야 할 점은 메모는 노트와 달리 간결하게 요점만을 기입한다는 사실이다. 작문처럼 줄줄 나열하는 긴 문장으로 써서는 곤란하다. 정확한 정보를 간결하게 전해야 한다. 메모할 때 주의해야 할 점은 다음과 같다.

● 요점만 간결하게

초보자는 말하는 내용을 곧이곧대로 모두 받아쓰는 실수를 범하기 쉽다.

사람 말을 들으면서 메모를 하는 경우 빠른 속도로 받아써야 한다. 그러나 프로 속기사가 아닌 한 말하는 내용을 모두 받아쓰는 것은 불가능하다. 그 때문에 착실하고 꼼꼼한 사람일수록 메모하는 일이 어렵다고 느낀다. 쓰는 속도가 말하는 속도를 따라가지 못하기 때문에 도중에 포기하는 모습이 눈에 선하다.

메모는 요점만을 정리하면 된다. 나중에 다시 읽기에도 좋고 정리도 깔끔하다.

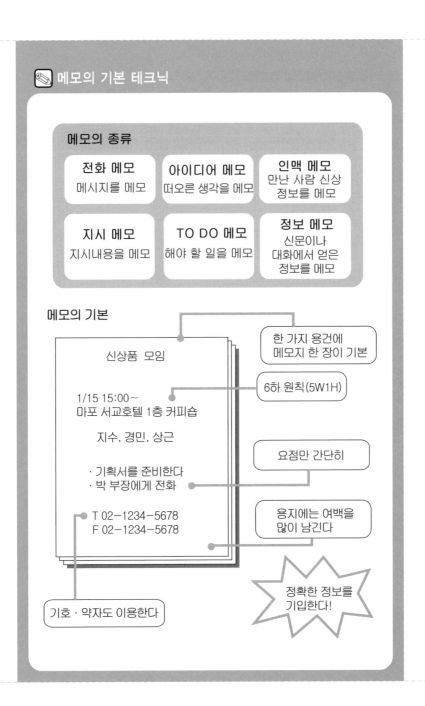

메모의 기본 테크닉

메모의 종류

전화 메모	아이디어 메모	인맥 메모
메시지를 메모	떠오른 생각을 메모	만난 사람 신상 정보를 메모

지시 메모	TO DO 메모	정보 메모
지시내용을 메모	해야 할 일을 메모	신문이나 대화에서 얻은 정보를 메모

메모의 기본

신상품 모임

1/15 15:00～
마포 서교호텔 1층 커피숍

지수, 경민, 상근

· 기획서를 준비한다
· 박 부장에게 전화

T 02-1234-5678
F 02-1234-5678

한 가지 용건에
메모지 한 장이 기본

6하 원칙(5W1H)

요점만 간단히

용지에는 여백을
많이 남긴다

정확한 정보를
기입한다!

기호 · 약자도 이용한다

●한 가지 용건에 메모지 한 장. 메모지에는 여백을 준다

메모 용지에 빽빽이 써 넣으면 이것은 메모가 아니라 노트다. 나중에 보기 쉽고 추가로 써 넣을 수 있도록 여백을 주면서 쓰자.

또한 한 가지 용건의 기록이 끝나면 메모 용지에 여백이 남더라도 용지를 바꾼다. 한 용건에 메모지 한 장이 기본이다.

●기호, 약자도 이용한다

쓰는 속도를 빨리 하고 싶을 때는 기호나 약자를 사용하면 효과 만점이다. 경우에 따라선 테이프 레코더를 이용하는 지혜도 필요하다.

●불명확한 점은 분명히 해 둔다

이해하지 못한 대목은 그 자리에서 확인하여 기록한다. 그 자리에서 메모할 수 없거나 시간에 쫓기는 경우엔 여유가 생겼을 때 다시 찬찬히 정리하여 쓴다.

●5W 2H를 잊지 않는다

5W 2H = '언제 When' '어디서 Where' '누가 Who' '무엇을 What' '왜 Why' '어떻게 How' '얼마나 How much'를 정확하게 빠뜨리지 않고 썼는지 확인한다. 정보를 기록할 때 중요한 기본 사항이다.

✓ 메모·노트 기본 포인트

메모는 요점만을 간결히 쓰는 것이 철칙이다.

노트의 기본

노트는 정보를 자유자재로 기록할 수 있다.

업무에 관계된 노트에는 회사 업무 기록으로 남는 공식적인(for-
mal) 용도와 어디까지나 자기만을 위한 비공식적인(informal) 용도가
있다.

공식적인 노트에는 회의록 등이 있다. 여러분에게 권하는 용도는
'업무 노트' '문제점 기록 노트' 등 주로 자기 자신의 능력 향상을 위
한 노트다.

노트는 페이지가 많기 때문에 쓰고 싶은 내용을 쓰고 싶은 만큼
쓸 수 있는 장점이 있다. 도해(圖解)나 표도 자유자재로 만들 수 있으
며, 메모에 비해 훨씬 표현할 수 있는 여지가 다양하다. 다만,

• 필요한 정보를 찾기 쉽게 작성한다
• 요점을 파악할 수 있게 작성한다

는 점을 의식하면서 쓴다면 더욱 읽기 쉬운 노트가 되리라 본다.

자유롭게 쓸 수 있기 때문에 부지불식간 대충대충 넘어가거나 자
기만 볼 수 있다는 생각에 초안을 그대로 써 넣는 경우도 있다. 그러
나 노트의 용도는 어디까지나 데이터나 노하우를 저장하는 일이다.
따라서 읽기 좋게 쓰는 것이 목적이 아니라 실제 내용을 얼마나 정확
하게 쓰는가를 항상 의식하면서 기록해야 한다.

● 문장에 구애받지 않는다

앞에서도 설명했지만, 자기를 위한 노트라면 형식이나 문장이 좋고 나쁨에 구애받지 말자. 글쓰기에 자신이 있는 사람이라면 펜이 춤을 추겠지만 소설이 아니므로 정보만 올바르게 전달되면 만족한다고 생각하여 받아들이자.

● 핵심 단어를 강조한다

글자가 예쁘게 빼곡이 들어찬 노트는 일단 잘 정리되어 깔끔하게 보인다.

그러나 여백도 없고 제목도 없이 단지 내용을 글자로만 가득히 채웠다면 설령 예쁘게 꾸며졌을지라도 노트로는 실격이다. 처음부터 끝까지 읽지 않으면 무엇이 쓰여 있는지, 무엇이 요점인지를 알 수 없기 때문이다.

겉보기에 어지럽게 보이는 노트라도 단락을 구분하여, 제목을 붙이면 내용을 찾기 쉽다. 또한 핵심 단어나 요점은 형광펜으로 강조하면 더욱 알기 쉽다.

● 도해를 활용한다

노트의 중요 테크닉에 '도해'가 있다. 이것은 문장만으로 설명하지 않고 한눈에 정보의 전체 개요를 파악할 수 있도록 그림을 그리는 작업이다. 가능한 한 도해를 그려 놓자.

✓ 메모·노트 기본 포인트

정보의 요점을 즉시 파악할 수 있도록 작성하는 것이 중요하다.

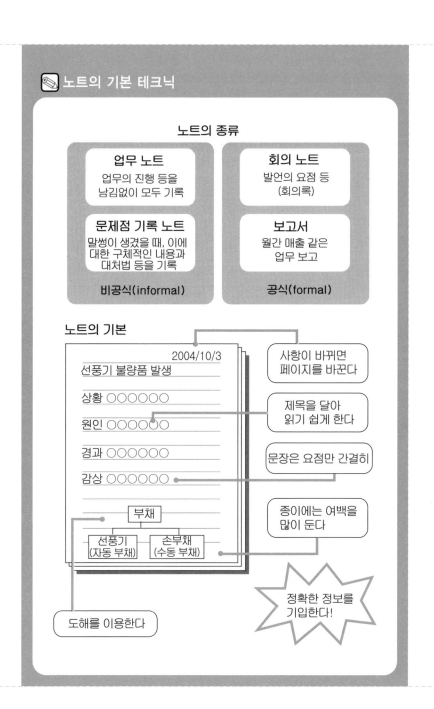

노트의 기본 테크닉

노트의 종류

업무 노트
업무의 진행 등을
남김없이 모두 기록

회의 노트
발언의 요점 등
(회의록)

문제점 기록 노트
말썽이 생겼을 때, 이에
대한 구체적인 내용과
대처법 등을 기록

보고서
월간 매출 같은
업무 보고

비공식(informal)

공식(formal)

노트의 기본

2004/10/3
선풍기 불량품 발생

상황 ○○○○○○

원인 ○○○○○○

경과 ○○○○○○

감상 ○○○○○○

부채

선풍기
(자동 부채)

손부채
(수동 부채)

사항이 바뀌면
페이지를 바꾼다

제목을 달아
읽기 쉽게 한다

문장은 요점만 간결히

종이에는 여백을
많이 둔다

정확한 정보를
기입한다!

도해를 이용한다

기록은 다시 읽을 때 비로소 의미가 있다

메모 · 노트의 정보는 정확하게 정리 · 보존하여 다시 읽는 습관이 중요하다.

✖ 메모 · 노트는 정리한 다음 다시 읽는다

그닥 꼼꼼한 성격이 아닌 사람은 어렵사리 메모를 해도 책상 위에 방치해 두고 어느 사이엔가 잃어 버리는 경우도 자주 있게 마련이다. 노트가 없지 않지만 무엇인가를 쓰려고 찾아보면 어디 있는지 몰라서 바로 이용하지 못한다.

모처럼 메모 · 노트에 정보를 기록해도 그것을 가방에 둔 채 두번 다시 보지 않는다면 아무런 의미도 없다. 메모 · 노트를 하는 중요한 목적은 기록한 정보를 '다시 읽기' 위해서다.

필요해졌을 때 다시 읽고, 가치가 있는 데이터나 노하우는 활용해야 하기 때문이다. 축적한 정보를 활용할 때 노트 · 메모가 비로소 의미가 있는 것이다.

한마디로 말하자면, '메모 · 노트를 하는' 행위와 '메모 · 노트를 정리 · 보관해 두는' 두 가지 행위를 동시에 할 때 제대로 활용한다고 말할 수 있다.

그러므로 필요한 정보를 즉시 찾아낼 수 있도록 평상시에 정리를 해 두는 습관이 중요하다.

✖ 정보의 보관 · 정리에 도구를 활용한다

정리라고 해도 매우 세세하게 분류할 필요는 없다. 지나치게 세세하게 정리하면 메모 · 노트를 계속할 수 없기 때문에 처음에는 다

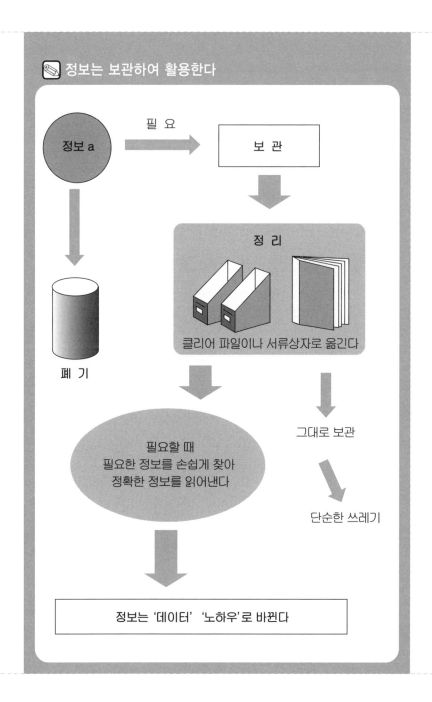

정보는 보관하여 활용한다

정보 a

필 요

보 관

폐 기

정 리

클리어 파일이나 서류상자로 옮긴다

필요할 때
필요한 정보를 손쉽게 찾아
정확한 정보를 읽어낸다

그대로 보관

단순한 쓰레기

정보는 '데이터' '노하우'로 바뀐다

소 조잡하더라도 구애받지 말자.

정리하는 습관이 힘든 사람은 우선 1단계로 관리 장소를 마련해 두는 일이 급선무다. 그러면 적어도 분실할 염려는 없다.

2단계로 정리를 위한 도구를 가지고 메모나 노트를 정리한다. 클리어파일(서류나 쪽지를 낄 수 있도록 만든 서류철—역자 주)이나 서류상자 등 다양한 정리도구가 있기 때문에 용도에 맞게 선택하자. 도구에 관해서는 6장을 참조하기 바란다.

✖ 정보는 버리는 습관도 중요하다

정보는 관리·보관도 중요하지만, 동시에 불필요한 정보를 버리는 일도 중요하다. 기록했을 때는 훌륭한 아이디어라고 생각했어도 시간을 두고 냉정히 살펴보면 대부분은 별 의미 없는 경우가 많다.

또한 전화 메모에 써 놓은 용건이 다 처리되었으면 보관할 필요가 없다. 또한 신문이나 잡지의 스크랩 기사도 나중에 불필요하다고 생각이 든다면 그때그때 버린다.

의미 없는 정보를 보관해 두면 중요한 정보가 파묻혀 버려 필요할 때 찾기 힘들어진다. 정기적으로 점검하여 버리도록 하자.

✓ 메모 · 노트 기본 포인트

기록하는 것만 아니라 정리 · 보관에도 도구를 사용하여 확실히 하자.

메모·노트를 활용한 커뮤니케이션 기술

일 잘하는 사람들의 필수 항목과 메모·노트

커뮤니케이션에서도 중요한 메모·노트

일 잘하는 사람들은 커뮤니케이션에서도 메모·노트를 활용한다.

✖ 일 잘하는 사람이 되자!

여러분 주변에 있는 탁월한 비즈니스맨을 떠올려 보자. 과거에 필자가 근무하던 직장에도 탁월한 선배가 한 명 있었다. 그 사람은 무엇을 하든지 시원시원하게 했으며, 행동에도 무리가 따르지 않았다. 회의 때는 특히 훌륭한 자료를 준비해 와서 완벽한 프레젠테이션을 했다. 당연히 후배와 상사, 거래처에서도 평가가 좋았다. 사내의 여직원 중에서도 팬이 많던 것은 말할 것도 없었다. 20대 후반 나이였지만 실로 존경할 만한 사람이었다.

각설하고 '업무에서 탁월하다'는 것은 실무만이 아니라 커뮤니케이션에서도 탁월하다는 것을 의미한다. 인간 관계가 최악임에도 '탁월하다'고 평가를 받는 사람은 있을 수 없다.

여러분도 그러한 비즈니스맨이 되려면 메모·노트를 시작해야 한다. 앞에서도 설명한 대로 업무를 효율적으로 끝내려면 메모·노트를 능숙하게 활용할 줄 알아야 하며, 이와 동시에 메모·노트를 알차게 이용하여 커뮤니케이션 능력을 향상시켜야 한다.

✖ 메모·노트로 커뮤니케이션을 원활하게 한다

주변에서 흔히 볼 수 있는 사람들 중에 업무에서 항상 '최고로 최대로' 하는 사람이 많다. 마음의 여유가 없기 때문에 자기가 주위 사람들로부터 어떤 평가를 받는지에 대해서도 구애받지 않고 의미 없이 끓어올랐다 식었다를 되풀이한다.

메모·노트 기법을 써서 시원시원하게 업무를 완수하면 점차 여유도 생겨난다. 그러면 주위를 둘러볼 마음의 여유가 생겨나기 때문에 타인에 대한 배려도 신경쓸 수 있다. 착실하게 기록한 습관이 이윽고 원활한 커뮤니케이션으로 연결되는 경우다.

또한 앞서 말했지만 팀 단위 업무를 진행할 때 그 속에서 의미 있는 존재가 되려면 자기를 갈고닦는 것이 중요하다. 그것을 위해선 꾸준히 지식을 축적하고 노하우를 몸에 익혀야 한다. 따라서 이미 경험한 지식이나 업무를 결코 흘려보내지 말고 메모나 노트에 기록해 두고 확실하게 자기 것으로 만들어 준다.

상담을 할 때는 이쪽에 유리하게 대화가 진행되도록 대화의 요점이나 흐름을 메모하여 머릿속에서 정리해 두는 것도 중요하다. 아랫사람에게 맡길 업무처럼 다른 사람이 할 업무에 대해서도 효과적으로 지시를 내리기 위해선 메모를 통한 준비가 필요하다. 이렇게 함으로써 남들이 요령이 없다고 생각하거나 불만 요소를 잠재울 수 있다.

일일이 메모를 하는 습관이 성가시지만 습관을 들이면 어려운 일이 아니다. 커뮤니케이션에 탁월한 비즈니스맨은 예외 없이 메모·노트를 잘 한다.

✔ 메모·노트 기본 포인트

메모·노트는 커뮤니케이션에도 효과가 있다.

누구나 커뮤니케이션을 잘 할 수 있다!

조금만 마음을 쓰면 인간 관계를 개선할 수 있다.

✖ 인간 관계는 무시할 수 없다

어느날 친구에게서 "홈페이지 제작을 할 수 있는 사람을 알고 있냐?"며 전화가 왔다. 그 친구도 알고 있는 A씨가 전문가였기 때문에 "A씨에게 물어봤나?" 하고 물었더니 "그 사람은 아무래도…" 하며 탐탁지 않게 여겼다. 알고 보니 친구는 A씨를 말하고 싶은 대로 말하는, 한마디로 배려심이 없는 인물로 좋게 생각하지 않았다.

결국 친구는 다른 사람에게 업무를 의뢰했다. 감정에 좌우되는 것이 어른스럽지 못하다고 생각하는 사람도 있겠지만 현실은 그런 법이다.

누구에게나 좋아하는 사람, 싫어하는 사람이 있다.

그러나 업무에서는 마음이 맞는 사람들과만 어울릴 수가 없으며, 상사나 아랫사람을 스스로 선택할 수 없다. 때로는 상사의 비위를 맞추기도 하고, 화를 내거나 남의 화풀이를 받으면서도 주위 사람과 좋은 인간 관계를 맺어야만 한다.

앞의 예에서도 알 수 있듯이 인간 관계의 좋고 나쁨은 업무에 직접적으로 영향을 미친다. "마음에 들지 않는다"는 말로 끝난다면 좋겠지만 인사 고과에 영향을 미친다거나 심지어 승진하는 데에 장애가 되어 버린다면 참으로 심각한 문제가 아닐 수 없다.

✖ 커뮤니케이션 능력은 노력하는 만큼 향상된다

그러나 현실적으로는 '사람과 어울리는 일이 나한테는 어려워서…'라는 식으로 생각하는 사람도 많다.

오히려 인간 관계에서 문제가 없는 사람은 무척 드문 형편이다. 그리고 많은 사람들이 커뮤니케이션 능력은 노력만으로는 개선할 수 없다고 포기해 버린다.

그러나 처음부터 탁월한 사람은 존재할 수 없듯이 인간 관계도 처음부터 유연해질 수는 없다. 다만 시간을 들여 노력을 하면 의외로 어떻게든 되기는 한다.

여러분이 함께 일하고 싶어 하는 사람은 어떤 사람일까? 탁월함은 물론이고, 일단 신뢰할 수 있는가, 배려하는 마음이 있는가, 겸손한가 하는 점들을 꼽을 것이다.

신용 있는 사람이 되려면 한번 내뱉은 말은 지키고 거짓말을 하지 않으면 된다. 비록 '남들이 좋아할 수 있는 사람'이 되지 못한다 하더라도 '남들이 싫어하는 사람'이 되지 않는다면 충분하다.

그러므로 '나에겐 무리'라고 단정해서는 안 된다. 커뮤니케이션 능력은 매일 쌓아나간다면 상당한 수준으로 향상될 것이므로.

✔ 메모 · 노트 기본 포인트

커뮤니케이션을 잘 하지 못하는 것은 치명적이다. 업무를 내 손안에 장악하려면 우선 인간 관계를 개선시켜라.

인맥은 비즈니스맨의 생명줄이다

진짜 인맥 만들기는 하룻밤에 이뤄지지 않는다.

왜 인맥 만들기가 필요할까? 그 목적이 명함을 1만 개 수집한다든지, 휴대전화 메모리 공간 꽉 채우기를 하는 일이 아님은 확실하다.

간단히 말하면 업무란 단독으로 진행할 수 없기 때문이다. 회사의 한 일원일 때엔 느끼지 못하다가 독립하여 한 개인으로서―예컨대 프리랜서 같은―일을 하면 인맥의 중요성을 통감한다. '웹 제작을 부탁한다' '발주 협조를 부탁한다'는 의뢰가 들어올 때 마땅하게 일할 사람을 바로 찾을 수 없기 때문에 일이 진척되지 않는다. 또한 처음에는 가져오는 일도 친구나 아는 사람을 통해 의뢰가 온다. 결국 인맥이 없으면 비즈니스는 이뤄질 수 없는 것이다.

그렇다면 어떻게 유용한 인맥을 만들 것인가?

일에 관계된 것인 만큼 이해 관계가 걸리지 않는 인간 관계는 존재하기 힘들다. 이용 가치가 있으면 가까워지고 없으면 멀어지는 법이다. 실제로 일을 진행하다 보면 이쪽에서 협조를 부탁하더라도 무조건 협조해 주는 사람은 그리 많지 않다.

손쉽게 관계를 쌓으려면 서로 구체적인 '이용 가치'를 찾아내는 것이 중요하다.

예를 들어 상대방이 컴퓨터 C언어에서 따라갈 사람이 없다거나 컴퓨터 그래픽의 도사라는 식으로 무엇인가 잘 하는 분야가 있고, 자기 직종과 관계가 있다면 곧바로 협력 관계를 가질 수 있다.

물론 일방적으로 부탁하기만 한다면 상대방은 곧 멀어진다. 관계를 지속시키려면 스스로 경험과 실적을 쌓아 상대방에게 이용 가치가 있는 사람이 될 필요가 있다. 물론 일주일 사이에 당장 자신을 갈고닦는 것은 무리이므로 인맥 만들기엔 어느 정도의 시간이 필요하다.

그리고 다른 사람들이 "웹 제작을 잘하는 사람을 알고 있나?" "법조계에 빠삭한 사람을 알고 있나?" 하고 부탁할 때, 이에 적극 도와주는 것도 잊지 말아야 하겠다.

이 '빌려 줌'과 '빌림'의 균형은 역시 '빌려 줌' 쪽으로 기우는 편이 좋다. 그러면 이쪽에서 부탁할 일이 있을 때마다 상대방의 협조를 얻기 쉬워진다. 이런 식으로 주고받는 협력 관계를 지속시킬 수 있다. 우선 업무 관계로 사람들이 모여 있는 곳은 인맥을 만들 수 있는 계기이므로 회사 안팎을 불문하고 모임에 꾸준히 참석하자. 다른 일에 종사하는 친구의 참여 권유도 중요하게 여겨야 한다. 특히 안면이 넓고 남의 뒤를 잘 봐주는 상사가 모임 참여를 권유한다면 이는 자기보다 뛰어나고 유능한 인물을 소개받을 기회다. 그러므로 그러한 인물과 접촉하기 위해 모임에 나가는 것도 중요하다.

인맥 만들기의 장소로 대표적인 것이 '동종 업종 모임'이다. 이러한 곳은 아는 사람을 늘리는 데엔 좋겠지만 불특정 다수의 사람과 명함 교환만 하다 끝나서는 앞으로의 협력은 존재할 수 없다. 정말로 의미 있는 인맥은 결국 하룻만에 만들어지지 않는 것이다.

✔ 메 모 · 노 트 기 본 포 인 트
진짜 인맥을 쌓으려면 우선 자기를 연마하라.

훌륭한 대화 능력을 쌓는 요령

상대방에게 호감을 주는 대화는 어떤 걸까?

개그맨이나 MC 사회자처럼 능란하게 말할 필요는 없지만, 커뮤니케이션에 있어 대화가 중요한 것은 틀림없다. 그렇다면 어떻게 말해야 할까? 의미 없는 말을 늘어놓는다면 무지와 경박함을 드러낼 뿐이다. 사기꾼이거나 악덕 상술을 펴는 세일즈맨이라고 오해받을 것이 뻔하다. 여기에선 비즈니스 예절로서 최소한 습득해야 할 대화의 포인트를 설명하겠다.

● 메모를 이용한다

업무에 관한 대화를 하는 경우엔 메모장을 가지고 있으면 진지한 자세가 상대방에게 남게 된다. 또한 말해야 할 것, 듣고 싶은 것을 모두 메모장에 기록해 두면 매끄럽게 대화를 진행할 수 있다. 뒤에서도 설명하겠지만 상대방이 말하는 요점은 메모를 하면서 듣는 버릇을 들이자.

● 대화하는 습관을 바로잡는다

'~는데요?'라고 어미를 높여 말하는 것은 안 좋다. 또한 말끝을 흐려 알아들을 수 없게 하는 말투도 신뢰를 떨어뜨린다. 그 정도로 심한 상태는 아니라도 말을 하기 전에 꼭 '아-', '에-'가 붙는 사람도 종종 있다. 또 말을 잇는 대목에서 '그런데…'를 지나치게 연발하여 귀에 거슬리는 경우도 있다. 이러한 버릇은 의식적으로 바로잡도록 해야 한다. 한 번쯤 자기의 대화를 녹음해서 듣는 것도 괜찮다.

대화를 잘하는 사람은 이렇게 말한다

> 전문 사회자처럼 수준 높은 대화 테크닉을
> 갖출 필요는 없다
> 기본적인 포인트만 파악해 두더라도
> 상대방에게 주는 호감도를 확 늘릴 수 있다

잘 듣는 사람이 된다
자기만 말하는 것이
아니라 상대의
이야기를 잘 듣는다

듣기 쉽게 말한다
적절한 성량으로
또박또박 말한다

**올바른 언어를 사용
한다**
올바른 경어
습관을 익힌다

**이해하기 쉽게
말한다**
전문용어는 피하고
상대가 이해할 수
있도록 한다

대화의 포인트

**상대의 눈을
바라본다**
눈을 다른 데로
돌리면 부정적인
인상을 준다

겸손한 태도
거만한 태도는 실례
자랑을 하는 것은
금물

**상대 말에 반응을
보인다**
맞장구를 치면서
웃거나 놀라거나
표정을 풍부하게 한다

예의와 인사
마지막에는
"고맙습니다" 라고
감사의 마음을
표시한다

대화의 테크닉은 그 이밖에도 …
복장이나 태도에서 불쾌감을 주지 않는다

* 냄새, 불결함
* 낡고 지저분한 복장
* 몸을 흔드는 것
* 머리를 긁는 것 등 …

* 청결함과 산뜻함
* TPO에 맞는 복장
* 남성이라도 몸가짐에 주의한다

● 듣기 쉽게 또박또박 말한다

목소리가 작으면 미덥지 못한 인상을 준다. 목소리는 지나치게 크지도 작지도 않게 내야 한다. 우물쭈물 말하지 말고 확실히 알아들을 수 있게 말한다. 또한 긴장하면 말을 빨리 하게 마련인데 마음을 차분히 가라앉히고 또박또박 말하는 버릇을 들이도록 노력한다.

● 이해하기 쉬운 단어로 말한다

상대가 이해할 수 없는 전문용어를 빈번하게 사용하는 습관은 불쾌감을 줄 뿐이다. 항상 상대에게 알맞는 단어를 택하여 말하고 상대가 내 이야기를 이해하고 있는가를 확인해 가면서 대화를 나눈다.

● 누구에게나 겸손하게 대한다

아랫사람에게 고함을 지르며 일을 시키는 사람이 있다. 그 자리에서는 속이 후련할지는 몰라도 5년 후, 10년 후에 뜻하지 않은 앙갚음을 당할 수도 있다. 또한 자신의 능력을 드러내는 태도도 중요하지만 자랑거리를 늘어놓는 말투는 되도록 줄이고 마음에 여유를 가지고 누구에게나 겸손하게 대하자.

● 몸가짐에 주의한다

대화뿐 아니라 몸가짐이나 복장에도 주의하여 상대에게 불쾌감을 주지 않도록 한다. 입이나 머리에서 냄새가 나는 모습은 커뮤니케이션 이전의 문제다. 청결함을 지키면서 산뜻한 인상을 주도록 하자. 사람과 만나기 전에는 구두를 닦고 양복의 먼지까지 털자. 몸을 흔들거리며 말하는 태도는 특히 기분 나쁘게 보이므로 주의하자.

● 불안한 말투를 삼간다

곁눈질하지 말고 상대의 눈을 보면서 이야기한다. '아니…' '그게 아니라…'라고 항상 부정적인 말투를 자주 쓰는 사람이 있다. 그러면 불안한 분위기가 감돌면서 표정도 어두워진다.

이러면 상대는 불안해지기 때문에 아무래도 업무를 맡기려 하지 않을 것이다. 특히 상담이 한창 진행 중일 때엔 매우 주의해야 한다. 아차 하는 사이에 상대방 수단에 말려들 수 있다. 자신감을 가지고 말하려면 그만한 지식을 쌓는 것이 중요하다. 그리고 많은 경험을 쌓고서 노련해지는 것도 중요하다.

● 상황에 어울리는 표정을 짓는다

분위기를 부드럽게 만들기 위해서는 자기도 싱글벙글 웃어야 한다. 목석처럼 무표정해서는 상대가 긴장한다.

마음과는 정반대로 긴장을 하면 웃거나 하는 사람도 있는데, 그 자리의 분위기를 깨뜨리지 않도록 주의한다.

● 예의와 인사를 잊지 않는다

대화를 끝낼 때는 "고마웠습니다" "귀한 말씀을 듣게 되어 영광입니다"며 감사의 마음을 표현한다. "다시 좋은 말씀을 들려 주세요" "꼭 다시 만나 뵈었으면 좋겠습니다" 하는 인사말도 좋다. 좋은 인상을 남기면서 대화를 매듭짓도록 하자.

> ✔ 메모 · 노트 기본 포인트
>
> 커뮤니케이션은 기본 매너를 몸에 익히는 것에서 시작된다.

UNIT 05

잘 듣는 사람이 되자

'듣는' 것은 커뮤니케이션 최강의 테크닉이다.

커뮤니케이션에서 가장 중요한 점은 상대의 말을 '듣는' 일이다. 여러분은 다른 사람의 말에 열심히 귀를 기울이는가? 자기의 의견만 일방적으로 제시하기에 여념하지 않는가?

'이야기를 들어 달라'는 것은 인간의 본성이다. 이야기를 들어 주면 누구나 기분이 좋아진다. 상대의 본심을 끌어내는 데엔 남의 말을 잘 듣는 태도가 제일이다. 여기에선 비즈니스에서 남의 말을 잘 듣는 사람이 되는 방법을 설명하겠다.

● 때때로 메모를 하면서 진지하게 듣는다

상대방 이야기에는 항상 진지하게 귀 기울인다. 결코 흘려듣지 말아야 한다. 특히 중요하다 싶은 대목은 메모를 하는 습관을 들이도록 한다. 진지함이 드러나 보이기 때문이다. 또한 이해되지 않는 대목은 그 자리에서 물어서 불분명함을 남기지 않는다. 누가 무엇을 말했는가, 대화의 요점을 업무 노트에 써 두는 습관도 중요하다. 처음에는 능숙하지 못하더라도 진지하게 대하면 세일즈맨의 갖다 붙이는 듯한 말보다 좋은 인상을 남길 것이다.

● 자기는 조금만 말한다

자기는 지나치게 말하지 않는다. 자신이 하나를 말하면, 상대방에게는 세 가지를 말하게끔 하는 것이 좋다. 가능한 한 풍부한 표정

남의 말을 잘 듣는 사람이 되는 방법

중요한 말이 나오면 메모하는 습관을 들인다
자신만 일방적으로 말하지 말고 상대방 이야기도
잘 들어 주는 것이 중요한 포인트다

자기의 이야기는 적게

자기는 지나치게
이야기하지 않는다

정보도 제공한다

상대의 이야기를
듣기만 하는 것은 금물
상대가 찾는 정보도
제공한다

메모를 한다

중요한 대목은
메모를 하여 진지하게
듣고 있다는 태도를
갖춘다

질문을 한다

편하게 질문을 하여
상대가
이야기를 하도록

간결하게 말한다

틈틈이
간결한 단어를
선택하여 말한다

맞장구를 친다

단지 "그래~" 하는 식의
무의미한 태도는 금물
어디까지나 진실되게

무반응은 금물

기쁘다, 이해되었다
등 상대의 말에
반응한다
표정도 풍부하게

무조건 부정하지 않는다

상대의 의견을
인정한 후에 이쪽의
반대 의견을 제시한다

남의 말을 잘 듣는 사람이 되는 방법

자기가 말을 한다고 상대가 즐거워지는 것이
아니다
상대에게 말을 하게 하여 기분이 좋아지도록
해야 하며, 그 결과 자기에게 유리한 방향으로
이야기를 끌어나간다

을 지으며 들으면 상대도 친근감을 느낄 것이다.

상대방이 말을 하지 않을 때는 우선 자기의 일을 간단히 설명하면서 상대의 이야기를 끌어낸다. "저는 최근 컴퓨터 공부를 시작했는데 김수돌 씨는 어떻습니까?" 라는 식으로 말이다.

● 질문을 하여 이야기를 이끌어낸다

질문을 하여 슬쩍 상대방이 이야기하게끔 만드는 수완은 상대방의 본심을 이끌어내기 위해 필요한 테크닉이다. 질문을 하더라도 자기가 알고 싶은 사항만 계속 물어서는 안 된다. 맞장구도 쳐가면서 대화를 부드럽게 끌고 나가며 간접적으로 슬쩍 질문을 하여 상대가 스스로 말하게끔 유도해야 한다. 상대방 이야기에 흥미를 가지고 잘 듣고 있다는 모습도 좋은 인상을 준다.

● 단어를 요령 있게 적절히 구사하여 간결하게 말한다

맞장구를 치면서 이야기를 진행하는 중에 자기가 말하고 싶은 주제는 대화 도중에 틈틈이 짤막하게 설명한다. 상대방이 내 이야기를 제대로 알아듣지 못하고 있거나 상대방을 자극한 경우가 있었다면 반드시 노트에 검토할 사항이나 비고난을 만들어 이러한 내용들을 써서 다시 읽어 보는 것이 좋다.

● 무조건 부정하지 않는다

상대방의 발언을 들은 후 "그것은 틀렸습니다!" "그런 게 아닙니다!"라고 무조건 부정하지 않는다. 비록 그것이 찬성하기 어려운 의견일지라도 우선 상대방의 주장을 인정한 후에 자기 의견을 차분히 밝힌다. 물론 상대의 의견에 무조건 찬성해서는 곤란하다. 자기의 의견을 밝히는 태도는 절대 필요하다. 그러나 직접적인 비판·반론을 받으면 상대방도 기분이 상해 시비조로 나올 것이고, 그러면 이미 이야기가 다 끝난 채 모든 게 수포로 돌아간다. 사람마다 당연히 사고방식이 다르다. 다른 사고방식을 인정하는 태도도 필요하다.

● 말하는 데 끼어들지 않는다

말하는 도중에 급하게 화제를 바꾸거나 하지 말아야 한다. 다른 사람이 말을 끊으면 누구나 기분이 나빠진다. 이야기가 빗나가고 있어 아무래도 안 되겠다 싶으면 "앞서 ○○씨가 말씀하신 신상품에 관한 이야기입니다만…"처럼 말하여 화제를 바로잡는다. "이야기가 빗나가고 있으니까 본래 주제로 돌아갑시다"라는 말투도 금물이다.

● 적절하게 맞장구를 친다

원활한 대화 흐름을 잡으려면 맞장구를 쳐주는 것이 필요하다. 다만 "으음~" "그래~" 하는 식의 맞장구는 절대로 좋은 버릇이 아니다. 별 마음이 없다는 속내가 드러나기 때문이다. 응답은 "예" "아니요"로 어디까지나 진실하게 한다.

대화의 테크닉은 모범을 참고하는 것이 손쉬운 길이다. 여러분이 존경하는 사람의 대화법을 참고하거나 토크쇼의 사회자나 아나운서의 말투를 연구하는 것도 괜찮다.

✔ 메모·노트 기본 포인트

남의 말을 잘 듣는 행동은 상대방이 호감을 갖게 만드는 포인트다.

다른 사람에 대해 흥미를 가진다

인간에게 흥미를 갖는 것은 커뮤니케이션의 기초다.

관찰력이 둔한 탓인지 기억에 약한 사람이 있다. 그렇다고 "아, 오랜만입니다!" 하는 인사를 받고 "누구신지?" 하며 몰라 보는 장면은 꽤나 거북살스럽다.

이처럼 사람을 기억하지 못한다면 이런 방법을 써 보자. 늘 만나서 이야기하는 사람, 동네에서 자주 마주치는 사람을 열 명 정도 관찰하여 그 사람들의 얼굴이나 복장, 머리 모양, 성격(상상을 덧붙여서), 주위 상황을 일과 업무처럼 노트에 기록해 본다. 그리고 초상화나 몽타주 같은 그림을 한번 그려 보자. 그러면 다른 사람 모습을 의외로 기억하지 못하고 있음을 느낄 것이다.

처음에는 사람을 머리에 떠올리는 일이 꽤 어렵지만 관찰 노트를 계속하면 편하게 떠올릴 수 있으리라 본다. 그에 따라 자연히 사람을 보는 능력도 늘어난다.

인간에게 흥미를 갖기 시작하면 다른 사람을 알게 되는 일이 즐거워지고 많은 것을 배울 수 있다. 또한 적극적으로 다른 사람들을 만나려 하고 식견도 넓어진다. 자기의 수준이 올라가면 자연히 주위에 사람이 모여든다.

✓ 메 모 · 노 트 기 본 포 인 트

사람을 잘 보고 관찰하여 그 사람에 관한 많은 점을 알아내는 습관을 길러 본다.

관찰력을 기른다

사람과 만나거나 어떤 상황에 부닥치면
그냥 보고만 지나칠 것이 아니라 잘 관찰한다

오늘
감사했습니다

인물, 풍경, 상황을
관찰하여 나중에
메모 · 노트에 써 본다

**가능한 한
구체적으로 써 본다**

· 용모
· 복장
· 어떤 성격인가
· 말하는 방식은 어떤가
· 업무 태도는 어떤가 등…

S씨와 만남. 머리는 멋진 7대 3 가르마. 체크무늬 양복. 얼굴은 둥근 편이고, 나이에 비해 훨씬 젊어 보인다. 아마 30대 초반쯤이 아닐까 생각이 듦. 이야기를 들어본 것으 론 마음이 매우 너그 러울 듯함. 이쪽의 이야기도 잘 들어 준다.	회의실은 넓었고 호랑이 박제가 놓여 있었다. 다만 사람의 출입이 빈번해서….

나중에 쓸 생각을 염두에 두고
무엇이든 진지하게 관찰하자

인간 관계를 개선하는 메모 · 노트 활용법

날마다 정리하는 메모 · 노트는 커뮤니케이션 능력을 향상시킨다.

✖ 대화를 위한 준비를 한다

"저~" "에, 오늘은 뭘 할까" 같이 떠듬떠듬 말이 나오지 않거나 언제나 자료를 주섬주섬 챙기다가 때를 놓치는 것은 대화 능력이 없어서라기보다는 준비 부족에 기인한다.

말하는 능력이 떨어지는 점을 자각하는 사람은 대화 준비를 남보다 배 이상으로 해야 한다. 예를 들어 무엇을 이야기할 것인지, 어떤 순서로 대화를 진행할 것인지를 메모장에 써서 정리해 둔다. 다만 대본을 읽고 암송할 정도까지라면 오히려 부자연스러워지므로 주의할 필요가 있다.

또한 7장에서 소개할 '인맥 카드'를 활용하여 앞으로 만날 인물의 기본 정보는 파악해 둔다. 그 사람에게 알맞은 대화 거리를 미리 준비해 두는 것이므로 상대에게 좋은 인상을 남길 수 있다.

✖ 잘못한 점은 솔직히 인정한다

7장에서 소개할 '문제점 기록 노트'는 자기가 범한 업무상의 잘못이나 실수를 상세히 기록해 둔 공책이다. 여기엔 인간 관계에서 생긴 문제점도 써 두면 좋다.

쓴 내용은 시간을 두고 냉정히 다시 읽어 본다. 그러면 '나는 참을성이 없다'거나 '걸핏하면 감정적으로 된다'거나 '내 잘못을 인정하지 않는다' 하는 자기에 대한 사항들을 객관적으로 관찰 · 분석할 수 있다. 이러한 사항은 진지하게 인식하여 앞으로 잘못을 고쳐 나가야 한다. 요컨대 잘못된 점은 반성하고 바로 잡자는 말이다.

✖ 지식을 연마하여 가치 있는 사람이 된다

인간은 자기에게 이득이 되지 않는 사람과는 어울릴 마음을 갖지 않는다.

이득이란 구미가 당길 일만 가득 얻는 것을 의미하지 않는다. 대화를 하면 기분이 좋은가, 새로운 정보를 항상 가지고 있는가, 컴퓨터에 관한 일이라면 무엇이든지 좋아했던가 하는 정도를 의미한다.

스스로에게 자신감이 없는 사람은 우선 전문 분야의 지식을 확실히 정복하는 일부터 시작하자. 그것을 위해서는 신문 등을 통해 꾸준히 정보를 수집하고 다른 사람들과 만나 견문을 넓히는 등 적극적인 행동 양식이 중요하다. 얻은 정보는 반드시 메모나 노트에 남겨 자기 지식으로 만든다.

그러나 남에게서 정보만 얻으려고 하면 남들은 상대해 주지 않는다. 시간과 노력을 아끼지 않고 지식을 쌓아 자기도 새로운 정보를 제공할 수 있는 사람이 되는 것이 중요하다.

그리고 평상시에 여러 시사(時事)나 사회 문제에 관해 자기 나름대로 정리하여 주체적인 생각을 가지고 있어야 한다. 그러면 어느 사이엔가 의미 있는 대화를 밀도 있게 하고 있는 자신을 볼 것이다.

✓ 메모 · 노트 기본 포인트

메모 · 노트의 정보를 토대로 준비 · 연구 · 반성하다보면 커뮤니케이션 능력은 점차 향상되게 마련이다.

지시할 때 하는 메모

내용을 정리해 두면 맥락에 따라 원활하게 설명할 수 있다.

자기가 지시를 해야 하는 위치에 서면 조리있게 설명하는 일이 어렵다는 점을 절실히 느낀다. "과장이 한 말은 이해가 안 가"라고 아랫직원들에게 평가받는다면 이는 상사에게 질책을 당하는 일보다 더욱 한심한 일이다. 이런 사태를 미연에 방지하기 위해서는 누군가 에게 지시를 하기 전에 말하려는 내용을 간단히 메모하여 머릿속에 정리해 둔다. 낱낱이 쓴 목록을 그대로 건네주어도 좋다. 상대에게 건네줄 자료가 있다면 모두 준비해 둔다.

적절한 지시를 하려면 머릿속으로 먼저 정리하고, 업무에 관한 내용을 치밀하게 가지고 있어야 한다. 자기가 이해할 수 없는데 상대 를 납득시킬 수는 없는 노릇이기 때문이다.

또한 지시를 누구에게나 천편일률적으로 똑같이 하지 말아야 한 다. 한 번 말하면 알아듣는 타입, 세 번을 말해도 알아듣지 못하는 타 입, 잘 잊어버리는 타입, 실수가 많은 타입 등 다양한 직원이 있기 때 문이다. 평소부터 직원들의 스타일을 잘 관찰해서 메모를 해 두면 마 감 날짜를 지키지 못하는 타입에게는 "일정 관리를 꼼꼼히", 보고를 하지 않는 타입에게는 "경과 보고를 잊지 말도록" 하는 식으로 지시 나 주의를 구체적 · 효과적으로 내릴 수 있다.

✓ 메모 · 노트 기본 포인트

지시할 때는 내용을 메모해서 정리하는 것부터 시작한다.

● 상대방 능력 등을 눈여겨본다
평소부터 업무 태도를 관찰하여 충분한 정보를 모아 둔다
그 내용은 노트 등에 기록해 두는 것이 좋다

· 업무를 책임질 법한가?
· 업무를 책임질 능력이 있는가?
· 적절한가?

● 업무의 발생

● 내용을 이해한다
· 자기가 의뢰받은 내용을 충분히 이해해 둔다
· 상대에게 이해하기 쉽게 설명하기 위해서

● 준비를 한다
· 전달한 내용을 메모하면서 확인
· 말하는 순서, 전달 방식 등을 정리한다

● 상대의 상황을 듣는다

● 단순한 것에서 시작하여 복잡한 것으로
· 지시 내용을 구체적으로 확실히 전달한다
· 상대방이 이해하고 있는가를 확인하면서 대화를 진행한다

● 메모를 재촉한다
· 복잡한 지시 내용의 경우엔 메모를 하도록 채근한다

● 지시를 메모해서 건네준다
· 경우에 따라서는 지시 내용을 메모한 것을 건네준다

> 누구에게나 천편일률적인 지시를 내리지 말고
> 상대방에게 각각 알맞은 효율적인 지시를 내린다

UNIT 09

지시를 받았을 때 하는 메모

지시 사항을 확실히 완수하기 위해서는 반드시 메모를 해 둔다.

✖ 지시를 받았으면 요점 사항을 메모해 둔다

직장에 있으면 저렇게 하라, 이렇게 하라 하고 매일 상사에게 지시를 받는다. 상사도 유능한 사람만 있는 것은 아니기 때문에 헷갈리는 지시에 당사자가 이리저리 흔들리는 경우도 종종 있다. 갑자기 화급한 업무가 내려와 자기 일정이 엉망이 되었다 해도 당황하거나 짜증을 내지 말고 메모 기법으로 잘 헤쳐나가도록 하자.

"김대리, 잠깐만" 하고 상사가 부르면 종이와 펜을 가지고 간다. 그리고 요점 사항을 반드시 메모한다. 특히 날짜, 시각, 금액 등 숫자는 틀리기 쉽기 때문에 주의해서 정확히 써 놓는다.

그 자리가 메모할 분위기가 아니라면 자리로 돌아와 바로 요점 사항을 써 둔다. 내용에 따라서는 업무 노트나 다이어리에 옮겨 쓸 필요도 있다. 메모를 하면 적어도 지시 내용은 잊지 않는다. 머리로만 기억을 하면 반드시 실수가 뒤따르는 법이다.

✖ 이해되지 않는 점은 솔직히 묻는다

상사의 지시도 완벽한 것은 아니다. 오히려 빼놓고 말하지 않거나 설명이 부적절한 내용도 많이 있다. 그러나 그 자리에서는 가만히 있다가 나중에 '말씀하시지 않아서…', '혼란스럽게 설명을 하셔서…' 라고 해봐야 통하지 않는다.

메모를 하면 자기가 무엇을 이해하지 못하고 있는가를 확실히 파악할 수 있다. 이해되지 않는 사항은 주저하지 말고 확인 질문을 하여 의문점을 그 자리에서 해결해 두자.

지시 내용을 이해할 수 없거나 혼란하다면 "잘 이해되지 않습니다" "이 점을 다시 한번 설명해 주십시오"라고 솔직히 묻는 편이 좋다. "알겠습니다"며 그 자리를 뜬 후 나중에 "실은 잘 모르겠는데요" 하는 태도는 절대 삼간다.

✖ 자기의 정당성을 반영할 수 있다

상사가 업무 지시를 내리고도, 스스로 자주 말을 바꾸는 타입이라면 지시받을 때 상사 앞에서 메모하는 자세가 좋다. 그리고 "그럼 3일까지로 합니다" 하고 마지막에 지그시 확인한다. 그러면 상사가 나중에 "2일까지라고 말했을 텐데!"라고 말해도 "3일이라고 말씀하신 걸로 알고 있습니다만…" 하면서 메모를 보여 주면 쉽사리 바로잡을 수 있다. 메모 · 노트는 방어 수단이기도 한 것이다.

다만 반론은 공손하고 부드럽게 제시해야 한다. 서열 관계로만으로도 당연히 눌리므로 함부로 대드는 태도는 절대 삼간다. "여기는 이렇습니다!" 하며 공세적으로 나갔다간 필시 후회할 일이 생기고 말 것이다.

✔ 메 모 · 노 트 기 본 포 인 트
지시를 받을 때 요점 사항은 반드시 메모해 둔다.

이야깃거리를 메모해 둔다

재미있는 유머를 들었을 때 이야깃거리를 만들기 위해 써 둔다.

✖ 상대가 즐거워할 이야깃거리를 준비해 둔다

대화를 하는 데는 말할 구체적인 내용이 필요하다.

따라서 사전에 상대방에 관한 정보를 파악해 둔다. 그 사람이 무엇에 흥미가 있는가, 야구는 어느 구단의 팬인가 등의 사생활에 관한 정보라도 좋다. 상대가 삼성 라이온스의 팬이라면 "최근 권혁이라는 좋은 좌완 투수가 있네요" 하고 상대가 기뻐할 만한 소재를 하나둘쯤 준비해 둔다.

또한 상대방이 잘하는 분야에 관한 이야기를 하는 것도 좋다. 예를 들어 "명철 씨는 컴퓨터를 잘 하신다면서요? 제가 이번에 프레젠테이션을 컴퓨터로 작성해야 하는데 좋은 소프트웨어가 어떤 게 있는지 알려 주시겠습니까?" 하는 식으로 자긍심을 높여 주면 상대도 기분 좋아한다.

✖ 일상 생활에서 대화의 소재를 찾는다

대화에는 업무에 관한 화제 이외에도 다양한 잡담이 빠지지 않는다. 분위기를 좋게 하고, 대화의 실마리가 되기도 하기 때문이다. 이를 위한 소재를 준비하는 배려도 중요하다.

신문이나 잡지는 검토해 둘 필요가 있다. 엉뚱한 정보일 필요는 없으며 '기아, 신차 출시' 등과 같은 내용도 좋다. 특히 스포츠 신문이나 주간지는 소재의 보고로 연예, 스포츠 기사 등 긴장을 풀어 줄

이야깃거리가 많이 있다.

친구나 동료와 대화할 때도 역시 요긴하다.

"지난 일요일 가족들이랑 고등어 조림을 먹으려고 일산에 있는 유명한 음식점에 갔는데, 정말 맛있더군! 이름이 제주어항이라고 하는데…"라는 이야기도 좋다. 이것도 훌륭한 대화 소재다.

서점마다 진열되어 있는 잡학 이야깃거리 류의 책들은 여가 시간에 읽는 데엔 재미가 있다. 그러나 너무 지나치게 황당한 내용이라면 일상 대화에서는 써 먹기가 곤란하다.

✖ 대화의 소재는 메모해 둔다

흥미를 끄는 소재를 들었을 때 메모장 등에 써 둔다. 상세하게 쓸 필요는 없고, 한두 줄로 충분하다.

재미있는 소재를 수첩의 메모란에 써 놓아도 좋다. 이야깃거리는 대부분 잠깐 동안만 유행을 타기 때문에 반드시 날짜를 함께 써 넣고 오래 지나면 삭제해 버린다.

이것을 짬이 있을 때 들여다 보면 쏙쏙 머릿속에 들어온다. 이후 관련된 화제가 나오면 자연히 대화를 풍부하게 이끄는 데에 큰 보탬이 된다.

대화의 달인이란 실은 노력하는 사람일 뿐이다.

✔ 메모 · 노트 기본 포인트

대화 분위기를 돋우려면 그만큼의 준비도 필요하다.

UNIT 11

커뮤니케이션을 게을리하지 마라

주위 사람과 커뮤니케이션이 중단되지 않도록 마음을 쓴다.

✖ 커뮤니케이션을 멈추지 않는다

신입 사원 중에는 상사와 거리감을 느끼는 경우가 있다. 그 때문에 문제가 발생하더라도 말도 걸어 보지 못한 채 '이 사실을 들으면 화를 낼 텐데' 하고 혼자서 문제를 껴안고 끙끙댄다.

여러분도 경험이 있을 텐데, 문제점은 뒤로 미룰수록 말하기 어려워진다. 진행 상황을 전혀 보고하지 않은 채 납품 기일이 되어서야 "거의 준비를 할 수 없습니다…"라고 한다면, 더이상 자기만의 문제로 끝날 수 없게 된다.

평상시에 사소한 잡담이나마 상사와 커뮤니케이션을 한다면 만일의 사태에도 말을 걸기가 쉽다. 서로 담을 쌓고 지내지 않도록 업무 이외의 잡담도 나누면서 스스로 커뮤니케이션을 꾀하도록 한다. 이런 때에도 메모해 둔 소재가 있다면 쓸모가 있다. 아저씨 뻴인 상사도 젊음이 넘치는 아랫직원과는 사이 좋게 지내고 싶은 법이므로 말을 걸어 주면 아주 기뻐한다.

✖ '배우는' 것도 중요하다

서로 거리를 좁히려면 '배우는' 것이 효과적이다.

'배우는' 행동은 하는 방식에 따라 자기의 인상을 개선시키기도 한다.

물론 바쁠 때 이것저것 물으면 상대방이 곤란해하지만, 상사의

🖊 커뮤니케이션은 자기부터

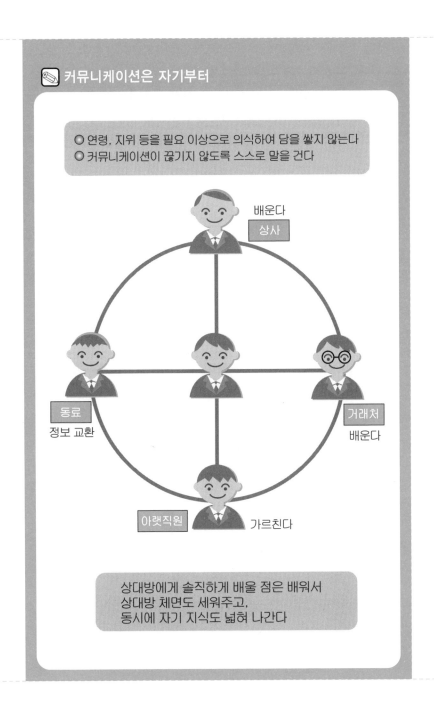

○ 연령, 지위 등을 필요 이상으로 의식하여 담을 쌓지 않는다
○ 커뮤니케이션이 끊기지 않도록 스스로 말을 건다

배운다
상사

동료
정보 교환

거래처
배운다

아랫직원
가르친다

상대방에게 솔직하게 배울 점은 배워서
상대방 체면도 세워주고,
동시에 자기 지식도 넓혀 나간다

입장에서 보면 부하가 부탁을 하는 데 기쁘지 않을 이유가 없다. 이해되지 않는 사항이 있다면 솔직히 "이해가 안 갑니다. 가르쳐 주세요" 하고 가르침을 부탁하고 들으면서 중요한 사항은 메모해 둔다. '도움은 불필요'라는 식으로 능숙하게 업무를 완수하는 태도는 도리어 위협이 된다.

✖ 겸손하게 노력하는 것도 중요하다

묻기만 하지 말고 스스로 노력하는 일도 중요하다.

"가지고 있는 자료를 조사해 보았는데 아무래도 잘 안 되는데요. 조언을 부탁드립니다"라는 식으로 한두 마디를 덧붙이면 노력을 하고 있는 모습을 각인시킬 수 있다. 신입사원만이 할 수 있는 테크닉이긴 하지만 잘 사용하자.

'배우는' 것은 상사와 직원 사이에만 한정되는 일이 아니라 상대방이 거래처라도 마찬가지다. 상대방 이야기를 잘 듣고 이해되지 않는 점을 솔직히 말하면 호감도가 증가한다.

자긍심이 높은 사람이라면 거부감이 들겠지만, 겸손함이 결국은 강한 것이다.

✓ 메모 · 노트 기본 포인트

배우는 것도 커뮤니케이션의 중요한 수단이다.

메모의 기본 테크닉

메모를 잘 하는 사람의 정리법은 이것이 다르다!

메모 기본 테크닉

'메모에 규칙 따위가 필요한가?'라는 선입견은 대단히 잘못된 생각이다.

메모하기와 노트하기는 둘 다 기록하는 데에 필요한 '수단'이다. 그런데 메모에는 메모의 장점이 있고 노트에는 노트의 장점이 있다. 각각의 장점을 활용하려면 각각의 규칙을 지키고, 그에 걸맞은 테크닉을 사용하여 기록할 필요가 있다.

규칙, 테크닉이라고 해도 그닥 어렵지 않다. 1장에서도 소개했던 내용처럼 줄줄 쓰지 않고 한 용건에 한 장씩 쓰는 정도다.

이 장에서는 메모를 하기 위한 규칙이나 테크닉을 소개한다. 간단한 사항이므로 완전히 정복하기 바란다.

표기의 테크닉이란 별개의 기술이지만, 일단 사실을 정확하게 쓰는 일이 가장 중요하다. 특히 날짜, 금액 등 숫자는 틀리지 않도록 해야 한다. 정보가 정확하지 않으면 기록해 봐야 아무런 의미도 없기 때문이다.

누가 볼까 하고 구애받을 필요는 없지만, 최소한 주의할 점은 알아볼 수 있는 글씨로 써야 한다는 사실이다. 나중에 다시 읽어 보면 뭐라고 쓴 것인지 스스로도 알아보지 못하는 경우도 있다. 그러므로 핵심은 어디까지나 어떻게 바르게 쓸 것인가가 아니라 '메모 정리가 가능한가'다.

✓ **메 모 · 노 트 기 본 포 인 트**

간단한 요령만으로 누구나 메모를 할 수 있다.

메모의 테크닉을 재확인한다

여유 있게 쓴다
나중에 정보를 보충하여
쓸 수 있는 여유를 두고
쓴다

신상품 캠페인

4.10. 13:00 ~ 15:00
합정동 사거리

지참품
· 입는 인형(곰)
· 앞치마
· 샤워 모자

아르바이트에 관해 (장)에게 확인

약자 · 기호를 이용한다
쓰는 시간을 절약하기 위해서
약자 · 기호를 이용한다
경우에 따라서는 암호도
사용한다

요점 사항만 쓴다
들은 정보를 모두
쓰지 않고 요점 사항만
메모한다

알아볼 수 있는 글자로 쓴다
잘 쓸 필요는 없지만
최소한 자기가 알아볼 수
있는 것이 중요하다

사실을 정확히 쓴다
무엇보다 중요한 포인트
자기의 감상 등은 삼간다
불분명한 점은
확인해서 쓴다

한 장에 한 용건
한 장의 메모지에 다른
정보 내용을 쓰지 않는다

다만 …

◉ 최소한의 규칙을 지켜야 좋다
◉ 문장이나 짜임새에 구애받지 않는 것이
  메모를 계속할 수 있는 요령!

기호와 약자를 활용하자!

빨리 써야 할 때 톡톡히 한몫을 한다.

✖ 속기 테크닉을 익히자

상대방이 말하는 내용을 들으면서 글을 빠르게 쓰는 일은 여간 쉽지 않다. 따라서 쓰기 속도를 빠르게 하려면 기호 · 약자의 테크닉을 아는 것이 큰 도움이 되겠다.

물론 정통적인 속기를 배울 필요는 없으며 자기 나름의 방식이 있으면 충분하다.

또한 기호 · 약자는 이집트의 상형문자같이 난해한 형태여선 안된다. 알파벳이나 이모콘처럼 사용이 간단한 모양이 바람직하다. 자기도 분간하지 못할 정도라면 의미가 없기 때문이다.

카메라라면 '㋐'라거나 'ⓒ(Camera의 C)' 정도로 충분하다. 빨리 쓰기가 관건이므로 단순한 형태가 가장 좋다.

✖ 고유명사는 일정한 기호를 만들어 둔다

자주 쓰는 인명이나 회사명은 전체를 쓰지 않고 일정한 약자를 생각해 두는 것이 좋다. 빨리 쓰기는 물론이고 수첩에 쓸 때 여유 공간을 넉넉히 두면서 쓸 수 있는 장점도 있다.

가장 손쉬운 방법은 이름 중 적당한 한 글자에 ○를 덧입히는 방법이다.

예를 들면,

기호 · 약자를 활용한다

6月 Jun	6	김성일 박사 방문 예정 13시→16시 ①
3 사내 Ⓜ 15:00~	7	☆ 모티브 양사장에게 tel
4	8	Ⓜ 성사장 긴한 약속?
5	9	

기호 · 약자를 사용하면…

메모하는 시간이 절약된다
메모를 할 때 여유 공간이
많이 확보된다

기호 · 약자는 간단하게 OK!

중요 …☆
확인 필요 …!
OK …○
NO …×
불분명 …?
전화함 …tel
팩스를 보냄 …fax
회의(미팅) …M

◉ 기호 · 약자는 미리 정해 둔다
◉ 잊지 않도록 수첩 등에 메모해 둔다

장현식(張玄植) … 張

현대 중공업 … 現

더 간단하고 빠르게 쓰기 위해서는 'ㅈ'이나 'ㅎ'같이 자음을 이용하는 방법도 있다.

하나하나 다른 기호를 사용하면 기억하는 것이 어렵지만, 일정한 규칙을 만들어 두면 어떤 이름이라도 표시할 수 있다.

✖ 기호는 상상하기 쉬운 표시를 쓴다

기호라면 '회의 → ∴' 같은 표시를 상상하게 된다. '컴퓨터 → ƪ'처럼 속기 기호를 사용하는 사람도 있을지 모르겠다.

그러나 자기가 구분하지 못한다면 아무 소용이 없으므로, 얼핏 보고도 떠올릴 수 있는 기호가 바람직하다.

예)

중요 … ☆

확인 필요 … !

OK … ◎

불분명 … ?

✖ 자음 쓰기로 속도를 높인다

자음은 간단하므로 지명이나 사람 이름 같은 특정 고유명사를 영어에서 이니셜 표기처럼 간단하게 쓸 수 있다.

한자는 요즈음 많이 안 쓰이는 추세지만, 오히려 한자를 역(逆)으로 이용하여 단어의 한 글자 정도로 표기한다면 훌륭한 기호나 약자 역할을 한다.

✖ 일람표를 작성한다

기호는 한번 선택하면 그것을 계속 사용하도록 한다. 그리고 수첩 등 자기가 항상 가지고 다니는 용품에 기호 일람표를 만들어 끼워 두거나 메모해 두고 항상 참조할 수 있게 한다. 이렇게 해 놓으면 잊었을 때 언제라도 참조할 수 있다.

너무 기호를 많이 사용하면 기억할 수가 없으므로 필요한 만큼만 사용하자.

✔ 메모 · 노트 기본 포인트

기호 · 약자는 빠른 속도로 기록하는 데에 반드시 필요한 테크닉이다.

암호를 이용한다

간단히 활용할 수 있는 암호의 사용법은?

암호라고 하면 첩보, 음모, 공작 등이 연상될 수도 있겠지만 정작 우리 주위에서 종종 쓰이고 있다.

예를 들어 음식점에서 주문할 때 종업원이 '4번에 탕 특 둘'처럼 외치는 장면을 본 적이 있을 것이다.

흔히 일반 업무을 보는 데에도 남에게 보이고 싶지 않은, 알리고 싶지 않은 정보가 있다. 예컨대 대외비 정보를 수첩에 메모해 두거나 동료나 상사에 대한 평가를 메모하는 경우가 그렇다. 그런 때는 암호를 이용하여 쓸 필요가 있다.

예를 들어, 인명이나 회사명을 '①②③④'처럼 암호로 표시해 보자. 그러면 제3자는 무엇인지를 쉽게 알아차릴 수 없다.

'A상사에서 1000만 원, B상사에서 1100만 원의 떡값을 받은' 경우에는 '①1000, ②1100'이라고 해 두면 전혀 알아볼 수가 없다.

좀더 보태서 금액까지도 암호로 쓰는 편이 좋다. 100만 원을 '사과 하나'로 쓰고, 1000만 원이라면 '사과×10'으로 표기한다.

암호라 하면 은연중에 상형문자를 떠올리고 이를 이용하여 쓴다고 생각하는 것이 인간의 특성이다. 그러나 난해한 암호를 정하면 정작 나중에 알아볼 수가 없으므로 피하는 편이 좋다. 앞서 설명한 기호·약자처럼 숫자를 특정하게 정하여 쓰는 편이 좋다.

암호를 사용할 때에는 반드시 암호를 정리한 메모를 남겨두어야 한다. 흔히들 어렸을 때 암호를 쓰면서 놀았을 법한데, 대개 나중에

암호의 활용

> 손일승 씨로부터 콜라, 박치원 씨로부터
> 새우깡을 받았다. 두 군데 모두 발주 확정.

⑥ 콜라　　② 새우깡

發　　　　發

> 인명을 숫자로
> 암호화
>
> 받은 금액을
> 특정상품으로
> 암호화

암호는 숫자처럼 단순한 표현이 가장 좋다!

는 자신도 해독하지 못했던 경험이 다분했으리라 본다. 암호화한 정보는 중요하므로 자기가 모르는 사항은 피해야 한다. 잘못되기라도 하면 엄청난 일이 될지도 모르기 때문이다.

또한 암호를 사용하더라도 다른 사람의 눈에 띄지 않도록 보관해 두어야 한다.

✓ **메모·노트 기본 포인트**

암호는 단순한 표현이 가장 좋다. 암호를 정리한 메모도 잊지 말자.

기호 · 약자는 이렇게도 사용한다

UNIT 04

빠른 기록 + 비밀 유지. 절대 몸에 지녀라.

그럼 이제 실제로 약자를 사용하여 메모하는 연습을 해 보자.

상사에게 옆의 내용과 같은 지시 사항을 받는다면 어떻게 메모를 할까? 물론 답은 하나가 아니다. 자기 나름의 방식대로 생각해 보기 바란다.

일단 빨리 쓰고 시간을 절약하려면 기호 · 약자를 적절하게 섞어 써서 메모하는 편이 훨씬 낫다.

또한 읽기 쉽게 쓰려면 조목조목 쓰는 편이 좋다.

그리고 말을 들으면서 내용을 모두 완벽하게 메모하는 일은 매우 어렵다. 그 자리에서 다 쓰지 못한 사항은 들은 내용을 기억하고 있다가 보충해서 쓰는 작업이 무척 중요하다. 또한 오른쪽에 적혀 있는 내용처럼 중요 사항에 대한 메모를 하는 경우에는 '업무 노트'에도 정보를 옮겨 쓰는 편이 확인 절차상에도 좋다.

애써 기호 · 약자를 사용하더라도 나중에 읽을 때 내용을 정확하게 이해할 수 없다면 의미가 없다. 2~3일 지난 후, 쓴 메모를 보고 정보를 정확히 파악할 수 있는지 시험해 보자.

✓ **메모 · 노트 기본 포인트**

메모하는 습관에 익숙해지고 한 걸음 더 나아가 자신의 방식을 만들자.

우리 회사에서도 이제 홈페이지를 만들어 인터넷에서 상품을 판매해야 한다고 생각하고 있네. 그래서 자네가 홈페이지 담당이 되었으면 해서 말인데. 담당은 자네 외에 손주임, 정주임, 박남희 씨 등 3명이 더 추가 배치될 걸세.
우선 회사 홈페이지를 제작하여 인기 상품 예닐곱 품목을 판매하도록 해 보세나. 웹 디자이너인 송현주 씨에게 도움을 부탁하는 것이 좋을 테니, 전화해 보게.
3일에 담당자 회의가 있으므로 그때까지 어떤 상품을 판매할 건가, 페이지 구성은 어떻게 할 건가, 어떻게 판매할 건가, 홈페이지에 어떤 내용을 담을 건가, 페이지의 구성은 어떻게 할 건가를 생각해 두도록 하게. 그 후에는 수주나 발송은 어떠한 체제로 할 건가 기타 등등 대략적으로 검토하게.
중요한 점은 어떤 결제 방법을 채택할 건가 하는 점이야.
미래 상황을 고려하여 전자결제를 도입하는 것도 괜찮을 듯하니 자세한 내용을 조사해 보게나. 실제 완성은 1월 말. 11월 10일까지는 내용을 대략적으로 확정해서 내게 알려주게나.
내용은 대부분 알아서 하지만 복잡하고 어려운 것은 절대로 금물! 깔끔하게 해서 조작이 즐겁고 간편한 것이 좋겠네.

자사 홈페이지 작성
6,7품목 판매
멤버 ⓢ ⓙ ⓟ 디자인 송현주 tel
3일 Ⓜ
· 판매상품?
· 판매방식?
· 내용?
· 페이지 구성?
· 수주, 발송?
☆ 결제 방법 : 전자결제 – 자세한 내용 조사
up 1월 말
11/10 내용 확정
복잡하고 어려운 × 깔끔하고 간편한 ○
어느 컴퓨터? 다비드 컴퓨터

UNIT 05

핵심 단어를 정확히 쓴다

요점만 조목조목. 지루하게 쓰는 일은 시간 낭비다.

✖ 메모는 주요 핵심 단어를 중심으로 정리한다

메모에 대한 습관이나 개념이 부족한 사람은 내용을 몽땅 다 집어 넣어 쓰려고 하기 때문에 메모에 염증을 내기 일쑤다. 앞에서도 설명했지만, 쓰는 속도는 말하는 속도를 따라가지 못한다.

정보는 가치 있는 정보와 그렇지 않은 정보가 있다. 상사의 말이든 중요한 세미나든 처음부터 끝까지 모두가 다 중요한 내용이 아니며 무의미한 정보도 많이 끼어 있다.

그러므로 요점만을 골라내어 기록하는 편이 좋다. 불필요한 정보는 쓰는 것도 읽는 것도 시간 낭비이기 때문이다.

메모를 할 때는 우선 듣고 있는 이야기에서 중요한 대목을 순간적으로 판단해야 한다. 그리고 말하는 '핵심 요점'만을 옮겨 쓴다.

정확한 문장으로 기록할 필요는 없으며, '핵심 단어'를 중심으로 정리한다. 경우에 따라서는 핵심 단어 하나만으로 끝날 수도 있다. 대개는 쓸 내용이 여러 가지인데 그 경우엔 조목조목 쓰는 편이 낫다.

✖ 중요한 핵심 단어는 눈에 띄게 강조한다

한 장의 메모지에 여러 가지 정보를 쓸 경우, 그중에서도 특히 강조하고자 하는 대목은 한눈에 알아볼 수 있도록 형광펜 또는 빨간펜이나 파란펜으로 동그라미를 쳐 두자. 중요 사항을 눈에 띄게 하는 일이다. 이런 작업은 메모를 끝낸 후 즉시 해 두자.

요점만 추려낸다

오늘 몹시 더우이. 미안하지만 ○○은행의 변차장에게 전화해서 4일 미팅 건에 대해 몇 시부터 할 것인지 결정해 두게나. 몇 시라도 상관없지만 가능하면 오후가 좋겠네. 오전 중에는 공장에 가 봐야 하거든 …

○○은행 변차장 tel
4일 미팅 시간
가능하면 오후

핵심 단어를 추려내고, 쓸모 없는 정보는 쓰지 않는다!

✖ 조목조목 쓴다

메모는 간결함이 중요하기 때문에 중요한 사항만을 조목조목 쓰는 것이 좋다. 관련이 있는 내용만 조목조목 쓴다. 사안이나 주제가 바뀌면 용지를 바꿔서 메모하자.

✓ 메모 · 노트 기본 포인트

메모는 요점만 쓰는 것이 좋다.

메모는 '한 장에 한 주제'가 기본

사안 또는 주제가 바뀌면 메모지를 새 종이로 바꾸는 일을 잊지 말자.

'한 장에 한 주제'는 메모의 기본 테크닉 중 하나다. 예를 들어 상사가 다음날 일정에 관해 말하다가 주제를 바꿔 새로운 프로젝트에 관해 말한다면 메모하는 종이도 뒤로 넘긴다. 비록 메모지에 여백이 남아도 새 종이를 쓴다.

한 장에 한 주제를 제대로 지키면,

- 사안별로 정리하기 쉽다
- 메모지 바꾸기가 편하다
- 나중에 정보 찾기가 편하다

만약 한 장에 여러 가지 서로 다른 내용을 쓴다면 기록 내용 중 일부가 불필요해지더라도 종이를 버릴 수가 없으며 다시 번거롭게 정리하는 일이 생길 수 있다.

또한 메모지를 한 면만 사용하는 일도 강조하는 사항이다. 양면을 사용하면 무심결에 중요한 정보를 못 보고 지나칠 우려가 있다.

'한 장 한 주제'는 포스트잇이나 카드식 메모장 등 어떤 종류의 메모에도 적용되는 기본 테크닉이다. 확실히 머릿속에 각인시켜 두자.

✓ 메모 · 노트 기본 포인트

한 장의 메모지에 여러 가지 주제를 담지 않는다.

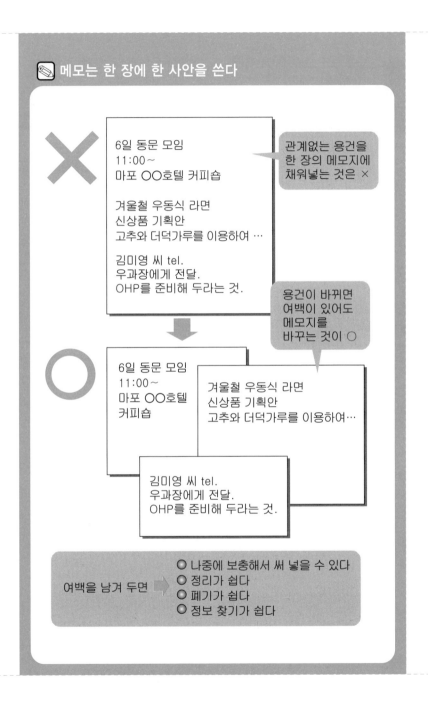

📝 메모는 한 장에 한 사안을 쓴다

❌

6일 동문 모임
11:00~
마포 ○○호텔 커피숍

겨울철 우동식 라면
신상품 기획안
고추와 더덕가루를 이용하여 …

김미영 씨 tel.
우과장에게 전달.
OHP를 준비해 두라는 것.

> 관계없는 용건을
> 한 장의 메모지에
> 채워넣는 것은 ×

> 용건이 바뀌면
> 여백이 있어도
> 메모지를
> 바꾸는 것이 ○

○

6일 동문 모임
11:00~
마포 ○○호텔
커피숍

겨울철 우동식 라면
신상품 기획안
고추와 더덕가루를 이용하여…

김미영 씨 tel.
우과장에게 전달.
OHP를 준비해 두라는 것.

여백을 남겨 두면 ➡
- ○ 나중에 보충해서 써 넣을 수 있다
- ○ 정리가 쉽다
- ○ 폐기가 쉽다
- ○ 정보 찾기가 쉽다

도해의 테크닉

단순한 기호를 써서 메모를 좀더 알아보기 쉽게 작성한다.

　　본격적인 도해는 노트의 영역이므로 노트 항목을 참조하는 편이 좋지만, 메모도 옆 그림과 같은 도해를 그리면 이해하기가 훨씬 쉽다.

　　메모는 단문이나 단어를 조목조목 쓰는 경우가 많다. 문장에 따른 자세한 설명은 기본적으로 불필요하다. 그러나 단순한 만큼 조목조목 쓰는 핵심 단어만으로는 상호관계나 말하는 흐름을 파악하기 어려운 경우도 있다. 이를 보충하는 틀이 바로 도해 테크닉이다.

　　도해라 해도 메모의 경우엔 매우 단순하다.

　　옆 그림처럼,

- 같은 범주의 단어를 ○로 묶는다
- 그룹이나 핵심 단어의 관계를 '=, ↔' 등의 간단한 기호로 표시한다
- 중요한 부분을 밑줄이나 ○로 표시한다

는 정도다. 이렇게 도해함으로써 언뜻 보기만으로도 그 내용을 이미지로 머릿속에 새겨 넣을 수 있다.

✓ 메모 · 노트 기본 포인트

도해를 쓰면 정보를 이미지로 이해할 수 있다.

도해로 메모를 이해하기 쉽게

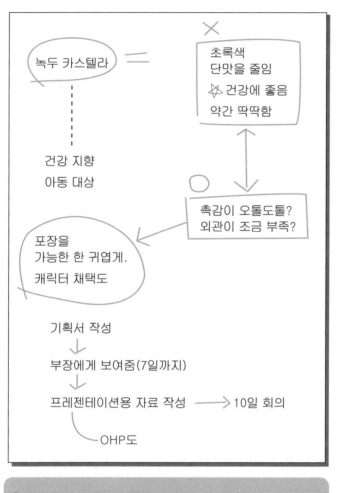

○ 중심 단어 간의 관계를 잘 이해할 수 있다
○ 중요한 정보, 주요 핵심 단어를 잘 이해할 수 있다
○ 이야기의 흐름을 잘 파악할 수 있다

디지털을 이용한 메모 테크닉

음성 · 화상 · 문자 정보를 기록할 수 있는 강력한 기기를 이용한다.

정보는 문자로만 기록할 수 있는 것은 아니다. '화상'이나 '음성' 으로 기록을 남기기도 한다.

예를 들어 신제품은 사진을 찍어 두고 중요한 회의는 녹음해 두는 것이 확실하다. 일반 카메라나 일반 녹음기도 좋지만, 디지털 제품이면 더욱 장점이 많다. 디지털 데이터는 컴퓨터에 저장할 수 있기에 보존 장소가 따로 필요하지 않기 때문이다.

디지털 기기로서 요즈음 가장 일반적인 제품이 디지털 카메라다.

물론 컴퓨터도 워드나 메일 전용 소프트웨어를 이용함으로써 메모를 작성 · 정리할 수가 있다. 심지어 휴대전화로도 간단한 일정 관리나 메모 작성이 가능하다. 요즈음은 대부분 이런 도구 중 어느 하나라도 가지고 있다.

그러나 디지털은 무조건 편리한 기기만은 아니다. 내용 전체를 훑어보기가 수월하지 않고 컴퓨터처럼 켜는 데 시간이 걸리는 단점도 있다. 아무리 PDA가 편리하다고는 해도 일정 관리는 여전히 아날로그적인 시스템 다이어리가 들춰보기 손쉽고 적는 것도 편하기 때문에 아직까지도 애용하는 사람이 많다. 이러한 점을 감안하면서 디지털 기기를 이용한 메모 · 노트 기법을 익혀 보자.

✓ 메 모 · 노 트 기 본 포 인 트

문자+음성+화상 메모로 정보를 더욱 정확히 보존한다.

디지털 기기로 메모를 한다

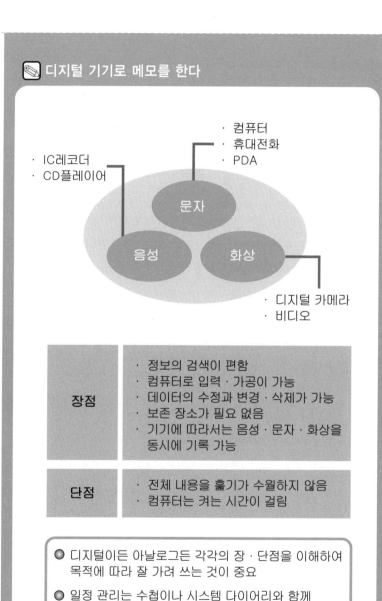

· IC레코더
· CD플레이어

· 컴퓨터
· 휴대전화
· PDA

문자

음성   화상

· 디지털 카메라
· 비디오

장점	· 정보의 검색이 편함 · 컴퓨터로 입력 · 가공이 가능 · 데이터의 수정과 변경 · 삭제가 가능 · 보존 장소가 필요 없음 · 기기에 따라서는 음성 · 문자 · 화상을 동시에 기록 가능
단점	· 전체 내용을 훑기가 수월하지 않음 · 컴퓨터는 켜는 시간이 걸림

● 디지털이든 아날로그든 각각의 장 · 단점을 이해하여
목적에 따라 잘 가려 쓰는 것이 중요

● 일정 관리는 수첩이나 시스템 다이어리와 함께
사용하는 것이 가장 좋음

메일 소프트웨어를 이용한 메모의 작성 · 정리

아웃룩 익스프레스로 할 수 있는 손쉬운 정보 메모하기

✖ 메일 소프트웨어로 메모를 작성한다

항상 컴퓨터 앞에 앉아서 일을 하는 사람이라면 메모 관련 소프트웨어를 활용해도 좋다. 컴퓨터로 메모를 하는 데엔 워드프로세서보다도 전자메일을 사용하라고 권하고 싶다. 예를 들어 '아웃룩 익스프레스'가 그렇다. 윈도 환경으로 쓰는 사용자라면 대다수가 널리 쓰는 소프트웨어이기 때문이다. 그 밖에도 전자메일 소프트웨어는 다양하게 있으나 기능은 대개가 비슷하다.

메모를 하려면 우선 메일 신규 작성을 띄우고 정보를 입력한다. 그리고 메일을 보내지 않고 적당한 제목을 붙여서 보관한다. 메일 한 통에 정보 한 건을 입력한다. 다른 사안을 메모할 때에는 새로 신규 작성을 띄워서 입력한다. 이렇게 작성한 메모는 메모 전용 폴더를 만들어 그곳에 정리 · 보존해 둔다.

메일 소프트웨어를 사용하는 장점은 메모 내용을 읽기가 쉽다는 점이다. 워드프로세서 소프트웨어로 메모 정보를 하나하나 파일로 만들어 놓을 경우 파일 하나하나를 열어보지 않으면 내용을 알 수 없다. 그러나 아웃룩 익스프레스와 같은 소프트웨어는 메일 제목을 클릭하면 오른쪽에 내용이 나타나기 때문에 메모 내용을 즉시 확인할 수 있다.

❋ 메모의 관리 · 보존

아웃룩 익스프레스로 메모를 작성·보관할 때는 메일의 제목을 한 번쯤 고민하여 정리하면 편하다.

예를 들어 메모 내용이 '아이디어 메모'였다면 제목의 앞에 'idea'라고 분류 풋말을 단다. 심심풀이 삼아 쓴 일기였다면 'diary', 정보 메모였다면 'info' 하는 식으로 내용을 분류하여 일목요연하게 정리한다. 그리고 분류 풋말에 이어서 내용을 알 수 있는 단어를 제목으로 단다. 예컨대,

* 'idea 산악 자전거' … 접어서 들고 다니는 산악 스포츠용 자전거에 관한 신제품 아이디어

* 'info 청계천' … 청계천 복구사업에 관한 정보

이렇게 하면 대략 어떤 내용의 메모인지, 제목을 보는 것만으로 상상이 간다.

그리고 메모 건수가 늘어나면 'idea' 'info' 등의 종류마다 폴더를 만들어 두면 알아보기 쉽다. 이렇게 제목을 붙이는 방법은 하나의 사례에 불과하므로, 각자 자신에게 맞는 방법을 고민해 보자.

메일에는 받은 날짜, 보낸 날짜가 자동적으로 입력되기 때문에 언제 작성한 메모인지도 일목요연하게 파악할 수 있다. 당연히 메일은 날짜순으로 정렬되므로 이것도 매우 편리하다.

✔ 메모 · 노트 기본 포인트

메일 소프트웨어로 메모의 작성 · 정리를 간단히 할 수 있다.

워드 프로세서 소프트웨어로 하는 메모의 작성 · 정리

단순한 입력만으로도 손쉬운 데이터 베이스를 작성할 수 있다.

MS 워드나 아래아 한글 같은 워드프로세서 소프트웨어나 문서 편집기로도 메모를 작성할 수 있다.

다만 한 사안을 하나의 파일로 저장하여 보존하면 엄청난 수의 파일이 생겨난다. 나중에 정보를 찾을 때는 파일명으로 찾아야 하는데 그럴 경우 파일을 일일이 열어서 내용을 봐야 하기 때문에 매우 불편하다.

이런 불편한 점을 없애기 위한 편리한 방법이 있다. 같은 종류의 메모를 모두 하나의 파일로 모아 기록하는 방법이다.

예를 들어 신문이나 잡지에서 찾은 재미있는 이야깃거리라면 워드로 '이야깃거리' 파일명의 파일을 하나 만든다. 그리고 이야깃거리를 발견할 때마다 이 파일을 열어서 거기에 이어서 입력한다. 날짜로 입력해 두면 나중에 검색할 때에도 편리하다.

워드로 메모를 작성할 때 편리한 점은 날짜나 문장에 포함된 키워드 검색이 간단하다는 사실이다. 또한 앞에 쓴 내용에 이어서 입력하기 때문에 전체 훑어보기도 가능하다. 컴퓨터 쓰기를 부담스러워하는 사람은 오히려 이렇게 컴퓨터에 단순한 방법도 있다는 점을 생각해 두기 바란다.

✓ 메모 · 노트 기본 포인트

워드프로세서 소프트웨어로 간단한 정보 데이터베이스를 만들 수 있다.

노트 정리의 기본 테크닉

노트 잘 하는 사람은 이런 점에서 정리가 다르다!

노트하기의 기본 테크닉

노트하는 목적은 진실을 전달하는 데에 있다. 뛰어난 문장력은 없어도 좋다.

많은 정보를 기록하거나 기록한 정보를 오래 보존하면서 알차게 활용하고 싶을 때는 메모보다 노트가 훨씬 낫다. 그러나 메모는 하는 데 노트하기는 귀찮게 여기는 사람이 대다수다.

노트하기가 싫다고 말하는 사람은 대개 '글을 잘 쓰지 못하기 때문'이라는 이유를 내세운다. 그렇게 글 잘 쓰기가 대단한 일일까?

글을 어떤 자세로 쓰는가는 그 목적에 따라 변한다. 에세이나 소설이라면 독자를 즐겁게 할 개성적인 문체가 필요하다. 그러나 비즈니스 메모·노트는 정보를 100% 전달하는 것이 최우선이다. 글에 기교나 개성을 연출할 필요는 전혀 없다.

극단적으로 말해서 글자를 쓸 줄 안다면 글도 쓸 수 있다. 소설을 쓰는 것이 아닌 만큼 알아볼 수만 있으면 된다. 훌륭한 글을 쓰려고 생각하기 때문에 압박을 받는다. 그러므로 처음부터 좋은 글을 쓰려고 생각하지 않는 것이 좋다. 진실을 정확하게 쓴다든가 하는 몇 개의 규칙만 머릿속에 넣어 두면 글을 잘 쓰지 못하더라도 그것에 연연해하지 않고 나름대로 잘 쓸 수 있을 것이다.

✓ 메모·노트 기본 포인트

잘 쓴 글일 필요는 없다. 진실을 올바르게 전달한다는 사실이 중요하다.

노트를 위한 글쓰기

정보를 전달할 글	즐기는 글

| 비즈니스 문서
· 보고서
· 회의록
· 메모, 노트 | · 소설
· 에세이
· 일기 |

정보가 필요해서 읽는다   읽는 것이 즐거워서 읽는다

· 정보가 정확히 전달된다 · 단순하고 읽기 쉬운 글 · 결론이 명확하다	· 읽어서 즐거운 글 · 끝까지 흥미진진하다 · 개성적인 글

 노트를 정리하는 데 중요한 점은
'정보를 올바르게 전달하는' 일

○ 5W1H 원칙을 지켜 썼는가
  날짜나 금액 등의 숫자, 회사명, 이름 등
  고유명사는 틀리지 않게 주의

○ 사실만을 정확히 기록하고, 모호한 주석을 남기지 않는다
  불분명한 점이 있으면 즉시 확인한다
  미루면 묻기 힘들어지기 때문이다

문장력이 없어도 문제 없다

진실을 올바르게 전하는 것이 중요하다

문장력에 지나치게 구애받지 말아야 한다. 이것이 노트 정리를 계속하는 요령이다.

'글을 어떻게 쓸까'가 아니라 '얼마나 정확하게 전달할까'를 생각할 때 어떠한 점에 주의를 기울여야 할까? 이를 살펴보자.

● 결론을 명확하게 하고 중요한 내용은 앞에 쓴다

특히 보고서처럼 결론이 중요하면 결론을 확실하게 표현해야 한다. 각 항목이나 첫단락에 결론을 먼저 쓰는 편이 좋다. 그리고 결론에 관한 상세한 설명은 이어서 쓴다.

그러면 글 앞부분만 읽더라도 뒤에 서술한 내용이 필요한 정보인가 아닌가를 즉시 판단할 수 있다.

'결론은 최후의 즐거움'이란 명제는 소설에서 필요한 수법일 뿐이다.

업무상 메모·노트는 정보를 얻고자 하는 필요 때문에 글 쓰는 기능이 존재할 뿐이다. 감화·감동을 얻으려고 읽는 글이 아니라는 점을 항상 염두에 두어야겠다.

● 사실과 자기 생각은 구별하여 쓴다

사실의 기록과 주관적인 의견이나 감상을 뒤죽박죽 섞어 쓰지 않고 되도록 구별하여 쓴다. 자기 주관이 진리라는 정당성도 없을뿐더러 나중에 정보를 찾을 때 전혀 불필요한 내용일 가능성이 높기 때문이다.

자기 생각은 물론 써 두어야 한다. 특히 7장에서 소개할 '업무 노트'에서는 반드시 필요한 사항이다.

【감상】처럼 표제를 달아서 구별하든지, 노트에 세로선을 긋고서 감상은 우측에 쓰든지 하는 식으로 자기 나름의 방식을 궁리해 놓자. 그러나 처음부터 구별을 해 두었는데, 이후 읽을 때 불필요하다고 보이면 무시해 버려도 좋다.

● 한 번 읽고서도 이해할 수 있는 문장을 만든다

단 한 번 읽어서 의미가 잘 이해되지 않는 문장이 있다. 이해되지 않아서 몇 번씩 다시 읽거나 사전을 찾아 본다든가 여기저기 다른 사람에게 물어봐야 하는 일은, 전문 교열자가 아닌 이상 시간 낭비일 뿐이다.

읽기 어려운 난해한 문장이 되는 주된 이유는 바로 나름대로 충실히 설명을 붙인다고 붙인 것이 오히려 문장을 길고 복잡하게 만들어 아예 의미를 파악하기 힘들게 하기 때문이다.

문장은 짧게, 쓸데없는 수식은 하지 말고 단순히 쓰자. 또한 글을 쓴 자신은 내용을 다 알고 있기에 그만 설명을 간과하여 생략해 버린다. 이런 내용은 당연히 다른 사람이 이해하기 어렵다. 그러므로 읽는 사람에게도 충실히 정보를 제공해 주는가 하는 점도 생각하며 쓰자.

✔ 메 모 · 노 트 기 본 포 인 트

잘 쓴 글은 필요없다. 사실을 올바르게 전달하는 것이 중요하다.

노트 제대로 하는 법, 정리하는 법

보기에 편하고 깔끔하게 정리하기 위한 기본 테크닉

노트는 메모와는 달리 자유자재로 글을 쓸 수 있다는 장점이 있다. 형식에 구애받지 않고 자유롭게 쓴다는 편한 생각을 가져야 한다. 이것이 노트를 계속 기록하며 이용하는 요령이다.

어렵게 생각할 필요가 없다. 자잘한 요령을 터득하면서 쓰면 어느 순간에 읽기 쉽게 쓰는 능력을 터득할 수 있다.

그렇다면 노트를 잘 하려면 어떤 요령이 필요할까?

● 기록은 여유 있게

되도록 여백을 많이 남기며 기록한다. 그러나 민감하고 꼼꼼한 사안이라면 한 면에 많은 내용을 채워 넣고 위에서 아래까지 빈틈없이 빼곡이 쓴다.

예전에는 대학노트 왼쪽에 세로줄을 긋고 왼쪽에 용어, 오른쪽에 해설을 쓰는 식으로 노트를 활용하던 방식이 유행했다. 이것도 여백을 많이 둘 수 있는 하나의 방법이다.

● 하나의 사안이 끝나면 페이지를 넘긴다

한 가지 사안 또는 주제를 다 썼으면 여백이 있어도 페이지를 바꾼다. 관련 없는 정보를 한 면에 같이 빼곡이 써 넣으면 나중에 정보를 찾을 때에 더뎌지기 때문이다. 한 면에 여러 가지 사안을 쓴 경우에는 인덱스(색인)를 만든다.

● 단락이 끝나면 표제를 붙인다

적당히 단락을 끊고 단락 사이에는 1~2행의 여유 공간을 두도록 한다. 곳곳에 표제(중간 제목)를 다는 것도 필요하다. 단락의 전문을 읽지 않더라도 거기에 어떤 내용이 써 있는지를 짐작할 수 있기 때문이다.

다만 스포츠신문이나 잡지처럼 독자의 주의를 끌기 위해 쓰는 상업적인 표제는 삼간다. 나중에 정보를 쉽게 찾으려면 표제를 정확히 표현해야 한다.

● 중요한 대목을 눈에 띄게 표시한다

전체 지면 배치를 고려하면서 중요한 대목을 눈에 띄게 표시하면 좋은데, 이는 테크닉이 필요한 일이다. 형광펜, 컬러펜 따위로 표시를 하거나 밑줄을 긋거나 하면 두드러져 보인다.

● 도해를 이용한다

글만 줄줄이 써서 지루하게 기록하기보다는 도해를 하는 편이 이해하기 쉽다.

글을 보조하여 간단하게 도해를 그리는 것이 보통이지만, 프로젝트 전체를 도해하는 방법도 고려해 볼 만하다. 다만 그림에 덧붙여 간단한 설명을 덧붙이는 일을 잊지 말아야겠다.

✔ 메모 · 노트 기본 포인트

페이지에 여백을 두고 중요한 대목은 즉시 알아볼 수 있게 한다.

이해하기 쉬운 글쓰기 요령

오해를 주지 않고 곧바로 이해할 수 있는 글을 쓴다.

아무리 국어라도 막상 글을 쓰려고 하면 의외로 끙끙대기 십상이다. 훌륭한 표현을 따라가려고 구애받을 필요는 없지만 글을 쓸 때 염두에 두어야 할 점이 몇 가지 있다.

● 문장은 짧고 간단하게!

한 문장 한 문장을 되도록이면 짧게 쓴다.

'…이지만' '…이며' 등으로 문장을 이으면 글을 쓰기는 쉽지만 읽기는 어려워지므로 이 같은 '연결형 어미' 쓰기를 삼가자.

또 하나 주의할 점은, 한 문장에 주어는 하나만 있어야 한다. 이 것저것 설명하려고 과욕을 부리다보면 한 문장이 끝없이 이어지고 이어져서 결국엔 한 문장에 주어가 여럿 생겨나 이 글이 과연 어떤 말을 하려고 하는지 도저히 모를 정도로 어리둥절해진다. 그리고 수 식어도 생략하여 글을 간략하게 쓰자.

● 긍정문으로 쓴다

5월달 회의에 출석하지 않은 사람은 없었다.(×)

윗문장은 '하지 않은'과 '없었다'라는 2개의 부정어를 사용하고 있다. 이 문장은,

→5월 회의에는 전원이 출석했다.(○)

라고 긍정문으로 쓰는 편이 간단하고, 읽는 사람도 쉽게 이해할 수

글쓰는 능력에 구애받지 않는다
읽기 쉽고 오해받지 않을 글을 쓴다

● 문장은 짧게
　'…이지만' '…이며' 등 접속어를 써서 길게
　이어지는 문장을 쓰지 않는다

　선풍기 매출은 3년 연속 증가했지만, 타사도
　유사품을 서서히 판매하고 있어 마음을 놓을 수
　없는 상황이며 신제품 개발에 진력해야 한다

　선풍기의 매출은 3년 연속 증가하고 있다
　그러나 타사도 유사품을 서서히 판매하고 있어
　마음을 놓을 수 없는 상황이다
　신제품 개발에 진력해야 한다

● 구두점 위치에 주의
　구두점을 찍은 위치에 따라 글의 의미가 변한다

　★ 초록색, 봉투 속 포스트잇
　　'봉투 속에 초록색 포스트잇이 들어 있다'는 의미

　★ 초록색 봉투 속, 포스트잇
　　'포스트잇이 초록색 봉투 속에 들어 있다'는 의미

있다. 에두르는 표현은 피하고 긍정문으로 쓰자.

● **구두점에 주의한다**

＊정보는, 반드시 메모하고, 서류함으로 정리한다.

바로 윗문장처럼 내용은 간단한데 쓸데없이 구두점이 많은 글은 읽기에 벅차다.

구두점은 필요하지만 꼭 써야 하는 곳에만 사용해야 한다. 긴 문장에 많은 구두점을 찍으면서 표현하려 하지 말고 문장 자체를 짧게 단문으로 여러 개 만드는 편이 훨씬 읽기에 수월하다.

또한 구두점은 찍는 위치에 따라 글의 의미가 바뀌는 경우가 있다.

＊새로운, 책상 위 컴퓨터(→ 컴퓨터가 새롭다)

＊새로운 책상 위, 컴퓨터(→ 책상이 새롭다)

글 쓴 자신은 알고 있어서 그냥 간과하고 무시하기 쉬우므로 주의할 필요가 있다. 자신이 읽는 글이니까 괜찮다고 생각하더라도 시간이 지나면 알아볼 수가 없게 된다.

'책상 위에 놓아 둔 새로운 컴퓨터' 처럼 의미를 확실히 알 수 있게 쓰도록 주의하자.

설사 글이 조금 딱딱해지더라도 의미를 정확히 전달하는 점이 가장 중요하기 때문이다.

✓ **메모 · 노트 기본 포인트**

글은 단문으로 올바르게 의미가 전달되는 것이 중요하다.

감정적인 표현은 적게 쓴다

건조체로 써야 의미 있는 정보 기록이 가능하다.

'업무 노트'에는 자기 생각을 곁들여 쓰는 습관을 가져야 하며, 심지어 어떤 보고서에서는 자기의 감상을 써야 하는 경우가 있다. 그러나 '몹시 화가 난다'거나 '기분이 나쁘다'는 등의 감정적인 표현은 피해서 써야 한다.

예를 들어 아랫직원이 지시를 무시하여 애를 먹고 있기에 '건방진 놈 때문에 화가 치민다' '용서할 수 없다'고 쓴다면 이 글을 읽은 사람이 과연 이런 논리에 수긍을 할까?

오히려 글을 쓴 당사자를 두고 '이성적이지 못한 사람이다' '어른스럽지 못하다'는 식으로 거부감을 느끼기 쉽다. 자신이 나중에 다시 읽어 보더라도 조금은 얼굴이 화끈거리지 않을까 싶다.

아랫직원에 대한 분노를 전달하고 싶다면 그 직원이 어떠한 상황에서 어떤 발언을 했고 어떤 행동을 했는가 하는 진실을 정확하게 묘사하는 편이 효과적이다. 그러면 읽는 사람은 그 상황에 자신을 견주어 생각해 보고는 글 쓴 당사자와 비슷한 분노를 느끼리라 본다.

탁월한 사람들 중에 감정에 움직이는 사람은 존재하지 않는다. 열혈남아는 있겠지만 원한과 고통만 있는 부정적인 감정을 드러내면 '그릇이 작음'을 증명하는 처사이므로 주의해야 한다.

✔ 메모 · 노트 기본 포인트

감정적인 표현은 피하고 사실을 정확하게 기록하자.

사안별로 쓴다

줄줄 쓰기만 하면 노트가 아니다. 노트를 제대로 활용하려면 사안별로 적어야 한다.

노트라고 글만을 길게 나열해 쓰는 것이 능사가 아니다. 사안별로 써야 읽기 쉽다. '다음 회의에 지참할 준비물은 관련 자료 묶음, 데이터를 보관할 디스켓, 매출 보고서, 신상품 사진'이라는 글은,

회의에 지참할 준비물
- 관련 자료 묶음
- 매출 보고서
- 신상품 사진

이라고 쓰는 편이 훨씬 깔끔하고, 쉽게 이해할 수 있다. 긴 문장을 쓰기보다 더 좋기 때문에 특히 글쓰기를 어려워하는 사람들은 꼭 활용하기 바란다.

긴급한 사항이나 시간에 따라 순서가 진행되는 경우에는 ① ② ③이라고 숫자를 붙이거나, 복잡한 정보를 사안별로 쓰는 경우 순위를 부여하는(순위를 많이 부여하지 않는다) 손쉬운 방법도 있다.

✓ 메모 · 노트 기본 포인트

사안별로 쓰는 습관은 읽기 쉬운 노트를 만드는 기본 테크닉의 하나

도해의 테크닉

정보를 도해로 표현하면 전체 구도를 잘 이해할 수 있다.

※ 도해의 테크닉을 활용한다

노트라는 넓은 공간을 십분 활용하는 것이 '도해'의 테크닉이다.

보고서에 쓰이는 그래프나 사진과 달리 비교적 복잡한 내용의 정보를 도해하는 것이다. 상세한 해설문도 중요하지만 도해는 때때로 그 이상의 효과가 있다. 글이 아닌 도해를 중심으로 한 노트에 도전해 보자. 도해를 하면,

- 정보의 전체 구도를 이미지로 파악할 수 있다
- 이야기 흐름을 이해하기 쉽다
- 중요 단어 간의 연관성을 파악할 수 있다
- 가장 중요한 핵심 사항을 한눈에 알아볼 수 있다

는 장점이 있다. 즉, 한눈에 보고 정보를 시각적으로 파악할 수가 있다.

간단한 도해를 하려면 우선 중요한 핵심 사항이나 중요 단어를 뽑아내어 노트에 적절히 배열한다. 다음으로 그것들을 '→' '↔' 등으로 잇는다.

이렇게 하면 중요 단어 간의 관계나 이야기의 흐름을 이해하기 쉬워진다. 쓸모없는 정보는 생략함으로써 읽는 시간도 줄어든다. 물론 그림 재능은 필요하지 않다.

✖ 자기 생각을 정리할 수 있다

아무리 거대한 프로젝트라도 시작은 대체로 우연한 착상에서 비롯한다. 단편적인 이미지밖에 떠오르지 않으면 우선 머릿속에서 도는 핵심 단어를 종이에 써 보자. 그리고 그 핵심 단어에서 연상되는 단어를 차례차례 써 본다. 그리고 이 단어들을 '→' '↔' 등의 화살표로 엮어 도해를 그리며 이미지를 넓혀가는 사이에 전체 구도가 서서히 떠오른다.

도해는 다른 사람에게 보여 주는 경우도 있지만 오히려 자기 생각을 정리하는 데 큰 도움을 준다. 전체 구도가 어느 정도 잡히면 보고서나 프레젠테이션 자료 작성을 시작한다.

✖ 설명도 덧붙이면 이해하기 쉽다

도해를 그리면 그때는 이해를 하면서 노트를 덮었지만 나중에 다시 읽으면 '이건 뭐지?' 하고 이해하지 못하는 경우가 종종 있다.

도해는 확실히 효과적이지만 설명이 부족하면 무엇인지 알 수 없기도 한다. 그러므로 반드시 제목과 간단한 설명을 덧붙여서 나중에 보더라도 이해할 수 있도록 해 두자.

✔ 메모 · 노트 기본 포인트

도해는 정보를 이미지로 전달하기 때문에 가장 강력한 테크닉이다.

도해로 정보를 이해하기 쉽게!

도해를 그리면 긴 내용을 읽지 않고서도
이미지로 정보를 이해할 수 있다

기록과 기억

　a라는 정보가 있다고 하자. 이 정보를 어떻게 처리할지를
생각해 보자. 정보 a를 보존하는 데엔 메모·노트에 기록하
는 방법과 머릿속에 기억해 두는 방법의 두 가지가 있다.
　머릿속에 기억해 두면 언제나 정보를 분석·가공할 수는
있지만 보존에는 적합하지 않다. 한편, 메모·노트에 기록한
정보는 반영구적으로 보존할 수 있다.
　그러나 분석·가공할 수 없는 단점이 있다.
　어느 쪽이나 장점이 있는 반면, 단점도 있는 법이다.

 이것을 도해하면…

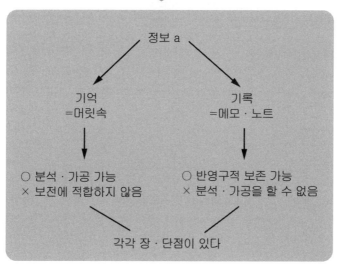

대학노트는 이렇게 선택한다

노트도 개성이 제각각이다. 마음에 드는 제품을 선택하자.

많은 노트 가운데 가장 먼저 생각나는 공책이 대학노트다. 수수하면서 비용 대비 효과도 높아 한 권 정도는 있지 싶어야 하는 사무용품이다. 최근에는 글을 쓸 때 대부분 컴퓨터를 이용하지만 도해를 그릴 때 그림편집용 소프트웨어를 사용해야 하는 번거로움을 고려하면 대학노트가 훨씬 손쉽다.

노트라 해도 크기나 두께, 괘선의 크기나 농도는 천차만별이다. 값이 싼 만큼 이것저것 써 보고 쓰기 편한 노트를 선택하자.

● 가지고 다니려면 크기가 반드시 작은 노트를!

대학노트하면 A4 크기라는 선입견은 이 순간부터 버리자. 가방에 넣고 다니려면 그보다 작은 A5 크기가 가장 추천할 만하다. 전혀 짐이 되지 않고 꺼내보기도 쉽다. 그보다 좀 더 작은 B6 크기도 쓰기 편하다. 밖에서 다른 사람을 만나 노트를 쓸 때에도 A4 크기 노트를 꺼내면 야단스럽게 보이지만 작은 크기라면 아무렇지 않게 메모를 할 수 있다. 수첩보다 지면이 넓어서 많이 써 넣을 수 있다.

● 직장에서 사용하려면 A4 크기

학교에서는 예외 없이 이 크기였다. 회사에서는 서류를 A4 크기로 통일하고 있는 곳이 많으므로 책꽂이에 보기 좋게 꽂아 쓸 요량이라면 A4 크기가 알맞다.

● 괘선은 흐린 줄을 선택한다

선호도 문제도 있지만 괘선이 진한 노트는 추천하지 않겠다. 문자나 도해를 그릴 때 상당히 거추장스럽다고 느끼기 때문이다.

● 제본 방식

가운데를 실로 묶어 제본한 노트도 있는데 펼친 상태에서 책상 위에 놓아 두면 어느 새 노트가 덮여 있다. 회의나 모임에서 이런 노트를 펼친 상태로 두고 있다면 불편함을 느끼기 십상이다. 또 아교풀로 제본한 노트도 있는데, 이따금 떨어질 때가 있다. 이 같은 문제점이 없는 노트는 스프링 노트다. 그러나 책꽂이에 꽂거나 가방에 넣을 때 스프링이 아무래도 걸리적거리기는 한다.

✓ 메 모 · 노 트 기 본 포 인 트

수첩 이외에 작은 크기의 노트도 휴대용으로 반드시 필요한 사무용품이다.

필기도구를 활용한다

노트에 강조 표시를 할 때엔 형광펜, 컬러펜이 꼭 필요하다.

글이든 도해든 노트는 한 페이지에 채워 넣을 수 있는 정보가 많다. 그런 만큼 전부 읽지 않아도 요점만 알아보게끔 해 두어야 한다.

단락마다 띄어쓰기를 하거나 표제를 붙이는 방법이 좋겠지만 간단히 형광펜이나 컬러펜으로 강조를 하는 요령도 있다.

노트나 수첩을 가방에 넣고 다니는 사람은 형광펜이나 컬러펜도 함께 가지고 다니면 좋다. 컬러펜에는 4색 펜, 형광펜에는 2색 펜도 있어서 휴대용으로 준비해 둘 만하다.

● 형광펜

예를 들어 핵심 단어는 분홍색 형광펜으로 칠한다.

형광펜에는 다양한 색깔이 있으므로 범주마다 표제를 분홍색, 노란색 등으로 구별하여 칠하는 것도 좋다. 다만 너무 진하게 칠하면 도리어 알아보기 힘들다.

형광펜은 분홍색이나 노란색이 기본이다. 개중에는 초록색이나 보라색도 있지만 색이 너무 짙어 오히려 글씨가 안 보이기도 한다. 색은 이것저것 모두 가지고 다니지 말고 자주 쓰는 두세 가지 색만으로도 충분하다. 아울러 노란색은 복사가 되지 않는다는 점은 염두에 두자.

컬러펜 · 형광펜으로 핵심 단어를 표시한다

컬러펜 · 형광펜으로 중요 사항을 체크한다

이용준 부장에게 전화
사장님에게 대구 출장 보고
※지난달 문제점 기록 보고서 작성 ————
오차장에게 파일링 지시
※10일 회의 준비

핵심 단어나
중요한 항목을 체크

컬러펜으로 핵심 단어를 진하게 칠하면 깔끔해 보이지 않는
경향이 있다. 지나친 사용은 삼간다.

● **컬러펜**

컬러펜으로는 중요한 대목에 밑줄을 긋거나 동그라미를 쳐서 강
조한다.

강조하고자 하는 대목의 글자를 아예 컬러펜으로 쓰는 사람도 있
는데, 색깔에 따라서는 복사가 잘 안 되거나 도리어 글자를 읽기 힘
들어지기도 한다. 그러므로 되도록이면 문자는 검정펜으로 쓰고 컬
러펜은 어디까지나 강조용으로 사용하는 편이 낫다.

✓ 메모 · 노트 기본 포인트
형광펜 · 컬러펜으로 주요 사항을 강조 표시한다.

컴퓨터에 노트하기

펜으로 글쓰기 어려워하는 사람에게 추천한다.

사람이 많지 않은 회의에 컴퓨터를 가지고 가는 사람이 많다. 말하고자 하는 요점을 그 자리에서 입력하고 마지막에 결론을 정리하기가 편해서다.

모임의 내용은 나중에 다시 정리해서 자료로 배포하는 경우도 많기 때문에 그 자리에서 컴퓨터로 입력하면 노력과 시간을 줄일 수 있다.

대화에서는 다양한 의견이 튀어나오지만 핵심은 역시 결론이다. 그 때문에 기본적으로는 마지막에 말한 요점을 확인하면서 입력하는 것이 좋다. 입력 속도가 느리더라도 문제가 없다.

펜보다 키보드로 수월하게 글을 쓰는 사람은 컴퓨터로 노트하는 방법도 생각해 볼 수 있다. 소프트웨어는 워드와 엑셀 등을 어느 정도로 익숙하게 쓴다면 충분하다.

회의록이나 업무일지같이 정해진 양식에 쓰는 것이라면 미리 엑셀이나 워드 등으로 서식을 작성해 두고 입력하는 방법도 있다.

컴퓨터로 노트하는 데엔 당연히 아날로그에는 없는 장점과 단점이 있다.

큰 단점으로는 노트와는 달리 일목요연하게 볼 수 없다는 점이다. 책장을 넘기듯이 듬성듬성 읽을 수가 없는 것이 상당히 불편하다. 또한 도해를 하려 한다면 문자 입력으로는 안 되고, 그림편집용 소프트웨어를 이용해야 하는 번거로움이 있다.

그러나 컴퓨터는 다음과 같은 장점이 있다. 탁월한 사람이라면 새삼스럽게 느낄 테지만 다시 한 번 확인해 두기 바란다.

● 보기 편하다

글씨가 악필인 사람에겐 가장 큰 장점이다.

기본적으로는 원고를 많이 쓰는 사람에게 좋다.

● 수정 · 편집이 편하다

전후 단락을 바꾸거나 나중에 보충해서 쓸 경우에도, 노트와 달리 수정 흔적을 남기지 않고 깔끔하게 작업할 수 있다.

종종 맞춤법을 틀리거나 글을 고쳐 쓰는 습관이 있는 사람에겐 딱 좋다.

● 검색이 편하다

"작년 '10월 3일' 데이터" " '프린터'를 포함한 데이터"처럼 핵심 단어를 한 번에 검색할 수 있다.

특히 데이터가 클 때에는 편리하다. 또한 데이터가 클 경우엔 엑셀 프로그램을 이용하여 데이터베이스화해도 좋다.

✔ 메모 · 노트 기본 포인트

컴퓨터를 사용하면 검색 기능이 뛰어난 노트를 작성할 수 있다.

차례를 작성한다

정보의 검색을 편하게 하려면 노트에 차례를 붙인다.

아무리 막대한 정보를 기록해도 필요한 정보를 찾아낼 수 없다면 아무런 의미도 없다.

그 때문에 책에는 '차례'가 있고, 컴퓨터에는 검색 기능이 있다. 책을 고를 때 차례를 읽고 구입하는 사람이 대부분이다. 차례를 읽으면 그 책에 어떤 내용이 쓰여 있는지 알 수 있기 때문이다.

노트도 어느 정도 정보를 써 넣었으면 인덱스를 붙어야 정보를 찾기에 편하다. 필요한 곳만 읽을 수 있어 시간을 낭비하지 않고 효율적이다.

인덱스를 붙이면 한 권의 노트에 다양한 내용을 채워 넣더라도 나중에 정보를 찾을 때 어렵지 않다. 분야마다 노트를 따로 쓰는 것이 좋지만 노트 정리를 자주 해야 하는 귀찮거리가 있기 때문에 차라리 노트의 종류를 늘리지 않고 인덱스를 붙이는 것이 좋다.

● 차례를 만든다

우선은 책처럼 차례를 만드는 방법이 있다. 각 페이지에 쪽 수를 매기고, 노트 앞에 차례를 써 넣는다. 목차는 노트에 기록할 때마다 함께 써 둔다. 노트 한 권을 다 쓰고 난 후 나중에 정리해서 작성하려고 하면 매우 힘든 일이 돼 버리기 때문이다.

대량의 정보라도 찾는 수단이 없으면 활용할 수 없다
정보가 늘어나면 차례를 작성하면 좋다

```
┌──────────────────┬──────────────────┐
│ 5월 회의          │         (신상품안) │
│ ─────────────    │   ─────────────   │
│ ─────────────    │   ─────────────   │
│ ─────────────    │   ─────────────   │
│ ─────────────    │   ─────────────   │
│ ─────────────    │   ─────────────   │
│ ─────────────    │   ─────────────   │
└──────────────────┴──────────────────┘
```

노트 윗부분에 그 페이지에 써 있는 표제를 기록한다
노트를 후딱후딱 넘기면서도 정보를 찾을 수 있다

```
┌──────────────────────────┐
│          차례             │
│ ──────────────────────   │
│        5월 회의           │
│ ──────────────────────   │
│      여름 상품 기획        │
│ ──────────────────────   │
│     6월 캠페인 모임        │
│ ──────────────────────   │
│    회사 홈페이지 건        │
│ ──────────────────────   │
│        휴대 자료          │
│ ──────────────────────   │
│       업무 개선안         │
│ ──────────────────────   │
└──────────────────────────┘
```

차례를 작성하고 해당하는
페이지에 테두리 표시를 해 둔다

● 페이지 상단에 표제를 쓴다

페이지 상단(오른쪽 상단, 왼쪽 상단)에 그 페이지의 표제를 써 놓는다.

예를 들어 새로운 프린터의 아이디어가 써 있는 페이지라면 '새로운 프린터 아이디어'라고 적는다.

그러면 페이지를 넘길 때 표제가 눈에 들어와, 페이지 전체를 보지 않고서도 정보를 찾을 수 있다. 이것도 정보를 기록할 때 함께 해 두는 편이 좋다.

앞의 그림처럼 처음에 차례 페이지를 만들 때 해당 페이지에 펜 등으로 표시를 해 두는 방법도 있다.

● 차례를 붙인다

페이지에 견출지로 차례 항목을 붙이는 방법도 좋지만 찢어지거나 거치적거리는 흠이 있다.

어떤 방법으로 하든지 간에 인덱스는 어느 정도 상세한 제목으로 작성하는 것이 중요하다. 건성건성 작성한 인덱스는 정보 검색에 그닥 쓸모가 없기 때문이다.

✓ 메모 · 노트 기본 포인트

인덱스를 붙이면 정보의 검색이 현저하게 빨라진다.

PART

6

메모 · 노트에서 빼놓을 수 없는
유용하고 편리한 사무용품

메모 · 노트를 잘 하는 사람은 어떤 사무용품을 쓸까?

메모 · 노트에 사무용품을 활용하자

아날로그에서 디지털까지 모두 망라하는 사무용품을 써서 메모 · 노트를 작성하자.

메모 · 노트를 하기 위해서는 사무용품이 필요하다. 우선 종이와 펜이 떠오를 것이다. 그 밖에 대학노트, 시스템 다이어리도 있으며, 컴퓨터, PDA도 있다. 메모 · 노트가 쌓일수록 그것들을 정리하는 사무용품도 점점 더 많이 필요해진다. 이 장에서는 메모 · 노트에서 빼놓을 수 없는 다양한 사무용품을 소개한다.

사무용품을 소개하는 장이긴 하나 문구 수집을 취미 삼는 사람이 참고할 정보는 하나도 없다. 손쉽고 돈이 들지 않는 문구류뿐이다. 물론 예쁘거나 화려한 겉모양을 보고 사는 사람이라면 사무용품을 어떤 것으로 선택할지를 신경도 쓰지 않을 것이다. 이런 사람은 경제적 또는 효율성을 따지기 앞서 차라리 무조건 사는 편이 낫다.

노트나 메모장 하나라도 크기, 제본 방식, 두께 등은 모두 제각각이다. 이것저것 다 가지고 있을 필요가 없으므로 자기의 목적에 알맞은 사무용품을 잘 선택하자.

✔ **메 모 · 노 트 기 본 포 인 트**

목적에 맞는 사무용품을 선택하여 최대한으로 사용하자.

메모 · 노트를 위한 사무용품

메모 · 노트를 하려면 사무용품이 필요하다
목적에 맞는 적절한 사무용품을 잘 선택하여
알차게 사용하자

정리 사무용품
· 서류함
· 링 바인더
· 클리어 파일
· 클리어 홀더

디지털 기기
· 휴대 전화
· PDA
· 디지털 카메라
· IC 레코더
메모 · 노트의 정리 · 보관

아날로그 사무용품
· 메모장
· 대학노트
· 시스템 다이어리
· 휴대 수첩

이면지의 올바른 재활용법

복사한 종이 뒷면을 메모지로 재활용한다.

잔뜩 폐기할 복사지를 보면 마음이 아프다. 한쪽 면을 쓰지 않았기 때문이다. 어떻게 재활용할 수 없을까?

어떤 회사에서나 실행하고 있는 방법으로는 이면지를 다시 사용하는 방법이 있다. 그러나 이면지는 프린터에 잘 끼기 때문에 안 쓰는 게 오히려 낫다. 왜냐하면 프린터를 수리해야 할 사태가 자주 일어나 업무에도 지장이 있고, 수리비도 무시할 수 없기 때문이다.

다른 이면지 재활용 방법으로는 메모 · 노트 종이로 쓰는 일이다.

다만 이면지를 재활용할 때는, 회사 외부 사람들이 뒷면을 보더라도 문제가 없는가를 반드시 확인해야 한다. 개중에는 대외비 서류도 있기 때문에 그런 경우에는 사용하지 않도록 각별히 조심하자.

● 책상 메모지를 만든다

우선 이면지를 쌓고 칼로 적당한 크기로 자른다. A4 크기라면 4등분 정도가 적당하다. 겉모양이 마음 쓰이는 사람은 깔끔하게 자른다. 4등분한 종이를 고무줄이나 클립으로 고정하고 측면에 본드를 칠한다.

몇 시간 놔 두면 한 장씩 뜯어 쓸 수 있는 메모장이 완성된다.

이 같은 활용법에서 중요한 노하우는 커터 칼로 자른 단면이 아니라 원래 단면에 본드를 칠하는 방법이다. 종이가 가지런히 정렬되어 있으므로 빈틈없이 본드를 칠할 수 있다.

이면지로 메모장을 만든다

● **책상 메모장**

【만드는 요령】

1. 이면지를 적당한 크기로 자른다

2. 이면지를 모아서 겹친다

   본드를 칠할 때 움직이지 않도록
   클립이나 고무줄로
   고정시키는 것이 좋다

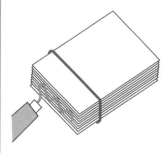

3. 한쪽 면에 본드를 듬뿍 칠한다
   자르지 않은 원래의 단면에
   칠하면 겉모습이 깔끔해진다

4. 본드를 칠한 면에는 먼지가
   묻지 않도록 티슈를 덥는다

   무거운 것으로
   눌러두면 더욱 좋다

5. 본드가 마르면
   고무줄과 클립을 뺀다

● **벽걸이 메모장**

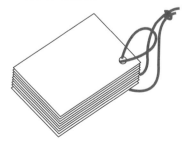

용지에 구멍을 뚫어서
끈으로 꿰맨다

벽에 걸어 두면
없어지지 않는다

이면지로 메모장을 만드는 경우 종이를 잘라 모아서 클립으로 고정시키는 방법이 흔하다. 이렇게 클립을 고정한 메모장을 사용하려면 클립을 빼 놓았다가 다시 끼었다가 해야 하기 때문에 성가시지만, 본드로 고정시키면 그런 수고를 할 필요가 없다.

● 벽걸이 메모장을 만든다

벽걸이 메모장은 책상 위가 어지럽고 지저분해서 메모장을 두더라도 바로 서류 더미에 파묻혀 버리는 사람이 쓰면 좋은 방법이다. 만드는 법은 간단하다.

우선 이면지를 적당한 크기로 잘라 모아서 귀퉁이에 펀치로 구멍을 뚫는다. 그리고 구멍에 단어장처럼 서류 고리를 단다. 서류 고지가 없으면 적당한 끈으로 묶어도 좋다. 끈은 그림처럼 처리하면 종이가 흐트러지지 않아서 사용하기에 편하다.

메모장은 이것으로 완성되었다. 이 메모장의 장점은 앉은 상태에서 손이 닿는 벽의 못 등에 걸어 둔다는 점이다. 그래야 메모지가 필요할 때 바로 손을 뻗을 수 있기 때문이다.

● 스프링 파일을 파일링에 이용한다

스프링 파일이란 서류를 편하게 뽑고 끼울 수 있는 스프링식 파일을 말한다. 철한 서류를 쉽게 바꿔 낄 수 있어 많이 이용되는 도구다.

A4 크기 서류라면 구멍을 뚫어 그대로 스프링 파일에 철할 수 있다. 그러나 메모지같이 작으면 크기가 맞지 않아 그대로는 파일링을 할 수 없다.

그래서 작은 종이는 A4 이면지를 본드나 테이프로 붙여 파일링을 한다. 그러면 가지런해져서 보기에도 좋고 열람하기도 쉬워진다.

● **클립보드의 사용**

6장 UNIT09에서 소개할 클립보드(종이를 끼워 쓸 수 있게 딱딱한 나무나 금속판에 클립을 붙인 판 ─ 역자 주)를 메모나 노트할 때 이용한다. 클립보드에 정리한 메모는 나중에 대학노트에 옮겨 쓰거나 컴퓨터에 입력하는 경우가 많기 때문에 이면지를 사용해서 충분히 쓸 수 있다.

그 밖에도 이면지는 코르크 보드용 메모지로 사용하거나 전화 메모지로 사용하는 등 용도는 무한히 많다. 철처하게 개성을 추구하는 사람은 새로운 이용법을 개발해 보기 바란다.

✔ 메 모 · 노 트 기 본 포 인 트

잠시 궁리해 본다면 이면지를 재활용할 수 있는 무궁무진한 방법이 있을 것이다.

시스템 다이어리와 휴대 수첩

일정 관리에는 빼놓을 수 없는 비즈니스맨의 기본 사무용품

일정 관리 사무용품이라 하면 무엇보다 수첩을 꼽을 수 있다. 그 중에서도 시스템 다이어리는 필요에 따라 용지를 끼워 넣어 사용할 수 있는 오더 메이드(order made, 고객에 취향과 요구에 따라 제조한 상품—역자 주)적인 측면이 있어, 비즈니스맨의 마음을 사로잡고 있다. 최근에는 휴대전화에 간단한 일정 관리 기능이 들어 있거나 PDA도 일정 관리 사무용품으로 각광을 받고 있지만 여전히 시스템 다이어리를 대체할 정도는 아니다.

시스템 다이어리는 크기나 커버의 재질, 리필 종이의 종류가 실로 풍부하다. 쓰면 쓸수록 무한한 용도가 있는 사무용품이다.

✖ 리필 종이는 필요한 만큼 준비한다

예전에는 리필 종이를 모두 자기가 직접 만드는 사람도 꽤 있었다. 엑셀 같은 소프트웨어로 필요한 대로 리필 종이를 만들어 사용하곤 했다. 이와 똑같이 모방할 수는 없지만 이것이야말로 최고의 시스템 다이어리다.

일정 관리 작성에 관심이 높은 사람은 역시 시간을 잘 사용한다. 그런 사람은 시간을 잘 준수하므로 업무도 맡길 수 있다.

시판되고 있는 리필 종이에는 주간 예정표, 메모장 이외에 시각표, 달력, 시내 교통지도가 있다. 외부 업무가 많은 사람은 일정란을 많이 쓸 터이고, 전적으로 메모를 많이 하는 사람은 메모란 종이가

시스템 다이어리를 이용한다

기본 리필 용지
○ 일정 관리장
○ To Do(해야 할 일을
　 꼼꼼히 빠짐없이 쓰는)
○ 메모장

추가 리필 용지(비즈니스 용)
○ 주소록
○ 지하철 노선도
○ 지도
○ 전자계산기
○ 국내 · 국제 우편요금표
○ 국제전화 국가번호 일람표
○ 시차 일람 등

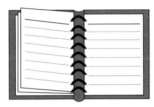

좋아하는 리필 용지로
사용자 환경에 맞게

크기는 작은 것이 주류
성경책 크기가 일반적
가지고 다니는 일이 많은 사람은 호주머니 크기가 적당
다만 쓸 수 있는 분량이 적다

수첩은 얇고 가볍게 해서 갖고 다닌다
정기적으로 정리하고, 서류함에 모아 둔다

많이 필요할 것이다.

자기가 많이 쓰는 종이를 선택하는 것이 좋은데, 처음부터 이것 저것 사지 말고 필요할 때 필요한 종이만 사는 지혜가 필요하다.

✖ 서류함을 이용하여 다이어리를 얇은 상태로 유지한다

시스템 다이어리는 가능한 한 얇은 두께로 가지고 다녀야 편하다. 그전에는 두꺼운 수첩을 갖고 다니는 비즈니스맨이 있었지만 요즘 추세는 아니다.

두꺼운 수첩은 불필요한 내용을 정리하지 않고 내버려 둔 채 별 생각 없이 보관하고 있기 때문이다. 몇 개월 전의 일정을 그대로 지니고 있다면 그것은 아무리 생각해도 낭비. 필요 없어진 메모 쪽지는 버리거나 해서 자주 정리하자.

그러나 갖고 다닐 필요는 없어도 보관해 둘 만한 정보는 있다. 그런 정보는 종이를 따로 철하여 보관해 두는데, 전용 서류함을 준비하여 넣어 두면 좋다. 메모 종이가 점점 쌓일 경우에는 목록 카드를 이용하면 찾기 쉽다.

시스템 다이어리는 자유롭게 종이를 끼웠다 뺐다 할 수 있는 장점이 있으므로 사용한 종이를 보관할 서류함을 반드시 갖추는 것이 좋다.

✖ 수첩과 함께 가지고 다녀야 할 사무용품

*필기도구

이것이 없으면 메모를 할 수 없다. 샤프펜슬이든 볼펜이든 좋아
하는 필기구를 골라 쓰는데, 들고 다니면서 사용할 필기구라면 작은
크기가 좋다. 그대로 시스템 다이어리에 끼울 수 있는 필기도구도 나
와 있다.

외출하고 메모를 할 상황이 되어서야 '쓸 것이 없다!'며 허둥대
는 일은 누구에게나 종종 있다.

필기도구는 휴대용 세트를 준비하여 가방 속에 넣어두면 잊어 버
리지 않는다. 외출용으로 샤프펜슬, 4색 볼펜, 2색 형광펜(분홍색, 노란
색) 정도 준비해 둔다.

샤프펜슬과 볼펜을 동시에 쓸 수 있는 기능 펜도 있다. 펜은 노크
식(뚜껑이 있는 만년필 같은 펜과 달리 모나미 153 같은 볼펜)이 낫다. 뚜껑이
있는 펜(플러스 펜, 네임 펜 따위)은 뚜껑을 잃어버리거나 가방 속에서
뚜껑이 빠져 더럽히는 경우가 자주 있기 때문이다.

*포스트잇

절대 빼놓을 수 없는 사무용품이다.

포스트잇에 예정 사항을 쓰면 일부러 옮겨 쓰지 않고 수첩에
그대로 붙여 둘 수 있다.

✔ 메모·노트 기본 포인트
서류함을 함께 이용하여 다이어리는 항상 얇은 두께로 해서 가지고 다닌다.

포스트잇

떼었다 붙였다 하는 만능 사무용품으로, 일정 관리 분야에서 빼놓을 수 없다.

포스트잇이야말로 궁극의 비즈니스 도구라고 생각하는 사람이 있을 정도로 매우 효과적으로 응용할 수 있는 도구다. 단순히 책이나 노트에 읽을 데까지를 표식해 두는 '띠지' 기능으로밖에 생각하지 않는 사람도 많지만 포스트잇은 책을 한 권 쓸 수 있을 정도로 활용법이 다양하다.

여기에서는 포스트잇의 주된 활용법을 살펴보겠다.

✖ 써 넣을 수 있다 → 간지로 이용할 때 한마디를 써 넣는다

포스트잇의 가장 일반적인 사용법이 '띠지'다.

책이나 서류에서 신경이 쓰이는 대목에 붙여 둔다. 떨어질 염려가 없으며 불필요해지면 떼어 버린다. 페이지를 접거나 직접 써 넣을 필요도 없기에 책을 더럽히지 않아서 좋다.

보통의 띠지와 다른 점은 써 넣을 수 있다는 활용법이다.

그러나 '왜 여기에 붙였지?' 하고 나중에 의아해하는 경우가 종종 있다. 즉 포스트잇을 붙인 페이지를 나중에 볼 때 어떤 대목이 문제였는지를 잊어버리는 일이다. 이에 대한 대비책으로 '8행'이라거나 'L6'이란 식으로 페이지의 몇 번째 행이 신경쓰였는지 하는 점을 포스트잇에 써 두는 것이 좋다.

또한 "LAN이 뭐지? 나중에 조사하자"처럼 궁금한 점을 간단히 써 두면 나중에 앞뒤 페이지를 넘기면서 전에 했던 생각을 떠올리려

포스트잇을 철저하게 활용한다

● 간지

> 포스트잇에 한마디를 써 두면 나중에 볼 때
> 곧바로 알아볼 수 있어 효율적이다

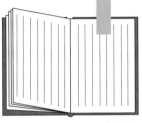

몇 번째 행인지를 써 둔다   마음에 걸리는 내용을 써 둔다

● 일정 관리

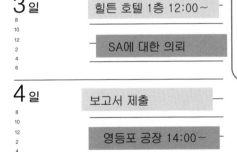

일정이 변경되면
포스트잇을 이동
시킬 수 있다

불필요해지면
떼어 버린다

중요도에 따라 색을
구분할 수 있다

고 노력할 필요가 없어 효율적이다.

포스트잇 중에선 직사각형 모양의 얇고 긴 형이 가장 많이 쓰이지만 다양한 모양이 있으므로 필요에 따라 구별하여 사용하자.

✖ 자유롭게 이동할 수 있다 → 일정 관리에 이용한다

포스트잇은 일정 관리에 없어서는 안 될 도구다.

예를 들어 매우 바쁠 때에는 '3일 오후 1시 김성환 씨 방문'이라는 약속을 잡아도 수첩에는 쓸 수 없다. 그럴 때엔 포스트잇에 쓴다. 그리고 여유가 생기면 메모한 포스트잇을 수첩의 3일자난에 붙여 둔다. 수첩만이 아니라 벽의 일정 게시판에 붙여도 좋다.

포스트잇으로 메모한 일정의 경우에는 같은 날 겹치는 일정이 잡히더라도 우선 순위를 바꿀 수 있다. 만약 날짜가 바뀌면 바꿔서 붙이고, 일정이 취소되면 떼어 버린다.

이처럼 자유롭게 옮길 수 있는 기능이 포스트잇의 가장 큰 장점이다. 수첩에는 포스트잇을 잊지 말고 끼워 두고 꼭 시도해 보자.

*색을 구별하여 사용한다

포스트잇에는 여럿 색이 있는데 일정 관리를 위해 사용할 때는 여러 색을 준비해 두는 편이 낫다.

예컨대 급히 처리해야 하는 사항에는 분홍색, 중요하지 않은 사항은 노란색, 미처리 사항은 파란색처럼 색을 구분하여 사용한다.

다이어리에 분홍색 투성이일 때는 긴장이 되면서 마음을 다시 잡고 하려는 의욕이 생겨날 것이다.

✖ 포스트잇은 수첩과 함께 갖고 다닌다

포스트잇을 가지고 다니는 습관은 별로 생각하지 않는 듯한데, 사실 포스트잇은 휴대 사무용품이다.

작은 수첩은 끼워 둘 곳이 없어서 곤란하지만 다이어리의 경우엔 두께가 표나지 않을 정도의 포스트잇을 수첩의 페이지 어딘가에 붙여 둘 수 있다.

✔ 메 모 · 노 트 기 본 포 인 트

'옮기는' 기능을 이용하여 일정 관리에 활용한다.

샤프펜슬 지우개 만드는 법

간단히 만들 수 있는 샤프펜슬용 예비 지우개

　수첩이나 포스트잇에 메모를 할 때 샤프펜슬은 볼펜과 달리 지우개로 지울 수가 있기 때문에 쓸모 없거나 쓸데 없는 내용을 남기지 않아서 좋다.

　그러나 한 가지 불편한 점이 바로 지우개 문제다. 지우개는 샤프펜슬에 꼭 필요한 필수품이기에 가지고 다녀야 하지만 거추장스럽다. 그래서 샤프펜슬에 붙어 있는 지우개를 사용하는 경우가 많다. 그러나 이 지우개가 닳아 없어지거나 부러지거나 더러워지거나 하면 사용할 수가 없다. 이럴 때는 샤프펜슬을 다시 사지 말고 스스로 지우개를 만들어 보자.

　우선 지우개를 장방형으로 자른 다음 모서리를 조금 자른다. 그리고는 지우개 홈에 집어넣기만 하면 된다. 처음부터 샤프펜슬 뚜껑으로 자르려고 하면 대개 실패한다.

　외출하기 전 여분의 지우개가 없을 때는 종이 등으로 지우개 홈에 남아 있는 지우개를 밀어 올린다. 다소 초라한(?) 마음도 들겠지만 샤프펜슬에 지우개는 필수품이므로 이 방법도 알아 두는 편이 요긴하다.

✓ 메 모 · 노 트 기 본 포 인 트

샤프펜슬의 지우개는 스스로 만들어 쓴다.

긴급할 때 쓸 수 있는 메모 기기

여차하면 손에 쓴다. 휴대전화, 자동응답 전화도 좋다.

개를 산책시키고 있을 때, 식사를 하고 있을 때, 아이디어가 번쩍 떠오른다. 통근 도중 지하철 속에서 괜찮은 정보가 순식간 지나가는 경우도 있다. 이럴 때는 메모를 하고 싶지만 항상 손에 메모장이 들려 있지 않다.

펜만 있다면 종이를 대신할 도구가 있는가 찾아보자. 급하다면 손에 써도 좋고, 지갑 속에 한두 장쯤 들어 있는 영수증의 뒷면에 써도 좋다. 지하철 역앞이나 길거리에서 나눠 주는 광고지도 이용할 수 있다. 어쨌든 무엇이라도 좋으니까 쓰자.

또한 손에 쓴 글씨는 땀으로 인하여 지워지기 쉽기 때문에 회사나 집에 도착하면 바로 옮겨 쓰는 습관이 중요하다.

종이도 펜도 없지만 휴대전화가 있다면 휴대전화 기능에 들어 있는 메모장에다가 정보를 입력·보존해 둔다. 휴대전화는 대부분 사람들이 언제나 갖고 다니기 때문에 이러한 편리한 기능들을 익혀 둘 필요가 있다.

또한 휴대전화 기능이 아직 익숙하지 않다면 집에 전화 자동 응답기에 메시지를 남기는 방법도 있다. 이러한 방법들은 손쉽고 요긴하게 이용할 수 있겠다.

✓ 메 모 · 노 트 기 본 포 인 트

긴급할 때엔 무엇이든 좋기 때문에 여하튼 메모해 두자.

메모 정리 사무용품

파일이나 바인더, 서류함을 따로따로 구분해서 사용한다.

거듭 말하지만 메모 · 노트는 정확하게 정리 · 보존해 두지 않으면 아무리 많이 쓰더라도 의미가 없다. 쓰는 족족 잃어 버린다면 나중에 읽고 싶거나 정보를 찾고 싶을 때 찾아낼 수가 없기 때문이다.

특히 휘갈겨 쓴 메모는 보관해야 할 곳에 제대로 두지 않으면 훗날 낙서 정도로 치부하여 결국 쓴 때 당시를 마지막으로 영영 잊고 만다. 따라서 정리 · 보관을 정확하게 하는 사람이야말로 메모 · 노트의 달인이라 할 수 있다.

그러나 정리를 어려워하는 사람은 엄청나게 많다. 대개 사람들은 낡은 봉투에 넣어 두지만 문제는 내용을 볼 수 없다는 점이다. 그 때문에 메모를 들출 필요가 있을 때엔 모든 내용을 꺼내 봐야 하므로 효율이 엄청 떨어지는 데다가 귀찮아서 나중에는 결국 정리하기를 포기하고 만다. 설사 정리를 한다더라도 봉투 크기도 천차만별이어서 책꽂이에도 꽂을 수 없고 겉보기에도 정리된 듯하게 보이지 않는다.

그래서 바로 각종 정리 사무용품이 메모 · 노트를 정리하는 데에 절대적으로 필요하다. 정리 사무용품에는 파일이나 바인더, 서류함 등 다양한 문구류가 있는데 주요 사무용품 몇 가지를 소개하겠다.

우선 메모 정리를 오랫동안 지속할 수 있는 요령은 매우 세세하게 분류하지 말아야 하는 점이다. 처음부터 세세하게 항목을 구분하려고 하면 반드시 좌절의 늪으로 빠지고 만다.

메모는 정리 · 보관이 생명

· 메모를 하면 필요할 때 찾아 볼 수 있도록 반드시 정리 · 보관해 둔다
· 두는 장소, 넣어 놓을 도구를 결정해 둔다

링 바인더에 작은 메모는 두꺼운 종이에 같이 끼워서 철한다

서류함을
주제별로 준비하여
메모를 넣어 둔다

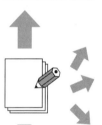

더이상 필요 하지 않은 메모는 휴지통에 버린다

클리어 파일
잃어버리기 쉬운
작은 메모는
그대로 주머니에

클리어 홀더
낱장 서류나 작은
메모도 끼우기만
하면 OK

지나치게 꼼꼼히 분류하지 않는 것이 계속할 수 있는 요령!

조바심을 내지 말고 우선은 둘 장소, 넣어 놓은 도구를 결정하는 정도에서 시작하자.

● 서류함

이것은 특별히 규격이 정해진 도구가 아니므로 적당한 상자를 준비하여 거기에 메모를 넣어 둔다. 큰 문구점에 가면 메모지 전용 서류함도 팔고 있지만 반드시 그런 것까지 살 필요는 없다. 간단한 상자로도 충분하다.

메모가 제각각 천차만별 성격이라면 상자를 여러 개 준비해서 항목별로 넣어 둔다. 정보 검색 기능은 파일이나 바인더에 비해 떨어지지만 상자에 넣어 두면 일단 잃어버릴 염려는 없다.

● 클리어 홀더

투명하고 얇은 홀더에 서류를 끼워서 보관한다. 일단 이것에 끼워 두면 잃어버릴 일이 없고 책꽂이에 꽂아 둘 수도 있어서 편하다. 어디까지나 일시적으로 정리해 두는 사무용품인데 메모가 행방불명되는 일은 피하게 해 준다.

클리어 홀더를 가방에 넣고 다니며 메모를 끼워 두면 가방 속에서 뒤죽박죽 섞이거나 없어지는 일이 없다. 공간도 차지하지 않고 실로 편리하다.

클리어 홀더는 투명하거나 반투명하기 때문에 무엇을 끼웠는지가 보인다. 또한 메모는 책상에 놓아 두면 곧 찢어지거나 더럽혀지지만 클리어 홀더에 끼워 두면 그럴 염려가 없다.

클리어 홀더는 일반 문구점에서 손쉽게 살 수 있다. 색깔도 다양하기 때문에 여러 색깔을 구비하여 메모의 내용, 중요도에 따라 구분해서 사용해도 괜찮은 방법이다.

● 클리어 파일

노트형의 파일로 비닐 주머니가 몇 개 있다. 주머니는 투명해서 서류를 자유롭게 집어넣을 수 있다. 주머니를 바꿔 끼우기가 가능한 '바꿔 끼우기 식'과 바꿔 끼우는 것이 불가능한 '고정식'이 있다.

잃어버리기 쉬운 메모 더미는 종류별로 이 주머니에 넣어 두면 좋다. 또한 클리어 파일은 책꽂이에도 꽂아 둘 수 있어 정리하기도 쉽다.

● 링 바인더

서류에 구멍을 뚫어서 보관하는 사무용품이다. 이름만 들어선 언뜻 떠오르지 않겠지만 링 바인더는 사무실의 기본 사무용품이다.

메모지는 크기가 고르지 않아서 그대로는 철하기가 불편하다. 그래서 적당한 종이에 메모를 붙이고 그 종이에 구멍을 뚫어서 파일에 끼워 둔다. 종이에 메모를 붙일 때엔 붙였다 떼었다 하는 테이프나 풀을 사용하면 불필요해졌을 때 떼어 버릴 수 있다. 하나하나 일일이 붙이는 일은 귀찮지만 일목요연하게 볼 수 있는 뛰어난 장점이 있다.

✔ 메 모 · 노 트 기 본 포 인 트

정리 사무용품은 목적에 알맞은 것을 따로따로 구분해서 사용한다.

일정 게시판

화이트보드, 코르크보드로 일정 게시판을 작성한다.

하루종일 컴퓨터로 일을 하는 사람은 포스트잇에 '김철수 씨에게 전화' 'A사 10일 납품' 같은 메모를 기록하여 모니터 테두리에 붙여 두곤 한다. 외부에서 볼 일이 많지 않은 업무는 수첩을 쓸 빈도수가 적기 때문에 포스트잇을 쓰는 편이 나을 수도 있다.

이런 방법도 괜찮지만 전용 게시판을 벽에 걸고 거기에 포스트잇이나 메모를 붙여 두는 편이 효율면에서 더 뛰어나다. 우선 순위 용건에 따라 붙여 두고 끝난 사항은 버리거나 가장자리에 붙여 둔다.

게시판은 포스트잇을 붙일 수 있는 책받침 종류로도 충분하다. 표면이 매끄러운 판대기가 잘 붙는다.

시중에서 판매하고 있는 판 중에선 크기가 작은 화이트보드나 코르크보드가 좋다.

화이트보드는 전용 펜이 있으면 얼마든지 쓰거나 지울 수 있고, 자석으로 메모를 고정시킬 수도 있다.

코르크보드는 쓴 메모를 핀으로 고정시키는 편이 낫다. 왜냐하면 포스트잇은 핀보다 접착력이 약하기 때문이다. 인테리어 차원에서도 화이트보드보다 보기 좋기 때문에 작은 사무실에 추천할 만하다.

✓ 메모·노트 기본 포인트

누구나 보고 다니는 일정 게시판은 여러 직원의 업무 진행 상황 파악에도 사용할 수 있다.

클립보드

선 채로 메모하고 싶을 때 활용할 수 있는 사무용품

매장 시찰이나 공장 견학을 갔을 때 선 채로 이야기를 들으며 메모를 하는 경우가 종종 있다. 휘갈겨 쓴 내용을 그냥 읽고 마는 정도라면 문제가 없겠지만, 나중에 깔끔하게 옮겨 정리해야 하는 내용이라면 삐뚤빼뚤한 글씨체는 보기에 안쓰럽기조차 하다.

이럴 때 편리한 사무용품이 클립보드다. 딱딱한 나무나 금속판에 종이를 대어 놓고 쓰기 때문에 서 있거나 불안정한 장소에서도 글씨가 삐뚤빼뚤해지지 않고 제대로 된 기록이 가능하다.

클립보드는 방송 스크립터나 작가들이 많이 애용한다. 이벤트나 백화점 같이 사람이 붐비는 곳으로 취재를 나갔을 때 이곳저곳을 보고 걸으며 메모하기 좋고, 벤치에 기대어 쓸 때에도 굳이 불편하게 가방을 책받침으로 삼지 않아도 되기 때문이다.

회사의 응접실 같은 곳은 대개 테이블과 소파의 위치가 떨어져 있는 데다가 테이블은 지나치게 낮다. 소파에 앉아서 테이블에 노트를 펴고 쓰는 일은 엄청 불편할 뿐더러 상대방에게도 눈살을 찌푸리게 만드는데, 이때 클립보드가 있다면 문제가 없다.

또한 테이블에 노트를 펼치면 상대방에게 죄다 보여 웬지 찜찜하다. 클립보드를 사용하면 남이 내용을 엿볼 염려도 없다.

✓ 메 모 · 노 트 기 본 포 인 트

안정되지 않은 상황에서도 활약하는 메모 도구!

휴대전화

선 채로도, 한 손으로도 OK. 편리한 전천후 메모용품

✖ 휴대전화는 한 손으로 메모 가능!

만원 지하철 안에 서 있을 적만큼 괴로운 때도 없다. 한손으로 손잡이를 잡고 있으면 잡지를 읽기도 어렵고 신문 읽기도 주위에 폐를 끼치는 일이다.

이렇듯 아무것도 할 수 없는 시간을 유용하게 보낼 수 있는 기기가 휴대전화다.

즉, 단순하게 전화를 거는 차원이 아니라 휴대전화를 이용하여 메모하는 시간으로 활용할 수 있다는 말이다.

휴대전화의 장점은 한 손으로 다룰 수 있다는 점이다.

더욱이 장소에 상관없이 만원 지하철 속에서도 어렵지 않게 버튼을 누르며 일할 수 있다. 열차 내에서 항상 멍하게 있는 사람에겐 아주 좋은 자투리 시간 활용법이다.

✖ 휴대전화로 메모를 한다

그렇다면 휴대전화로 어떻게 메모를 할까? 요즘 휴대전화에는 메모장 기능이 있다.

만약 휴대전화가 오래된 제품이라 이런 기능을 지원해 주지 않는다면 문자 메시지 기능으로 메모 작성을 활용한다.

✖ 사용처가 많은 휴대전화

휴대전화는 통화나 메시지는 물론, 사진을 찍거나 인터넷도 지원하고 있어 그 기능에 놀라곤 한다. 게다가 요즘 휴대전화는 간단한 일정 관리 기능도 갖춰져 있기 때문에 PDA도 무색하다.

MP3 같은 음악이나 심지어 영화도 볼 수 있는 멀티미디어 기능의 휴대전화가 등장했는가 하면 최근 신제품은 동영상을 보낼 수 있는 메일 기능도 갖추고 있다.

익숙하지 않을 때엔 입력 버튼을 누르는 일이 버겁지만 사용법을 터득하면 휴대전화 한 대로 대부분의 잡무가 해결되기도 한다.

✓ 메 모 · 노 트 기 본 포 인 트

휴대전화는 한 손으로 메모를 할 수 있는 편리한 기기다.

UNIT 11

PDA

손으로 쓰듯이 메모를 할 수 있는 작고 가벼운 컴퓨터

　　PDA의 최대 자랑거리는 겉보기가 근사한 데에 그친 전시 효과는 아닐까? 이미 휴대전화는 필수품이 되다시피 하여 여러 사람 앞에서 휴대전화로 두들기는 모습은 비즈니스맨에게 그리 썩 어울려 보이지 않는다. 적어도 PDA를 쓰는 모습이 비즈니스맨으로서 더 품위 있고 전문가처럼 보이는 경향이 있다.

　　PDA는 간단히 말하면 만능 전자 수첩이다. 일정 관리를 축으로 사전, 주소록 등의 기능을 구비하고 있다. 그러나 지금은 일정 관리도 휴대전화로 할 수 있는 시대다. 그 때문인지 PDA의 가격의 비싸기 때문인지는 몰라도 PDA는 그닥 각광받는 제품은 아닌 듯하다.

　　그러나 PDA의 '메모' 기능은 휴대 전화보다 훨씬 우수하다. 전용 펜을 사용, 손으로 써서 입력할 수 있기 때문에 키보드에 익숙하지 않은 사람도 사용하기 쉽다.

　　사용법이 어렵지 않으므로 PDA를 구입한 처음에 확실히 배워 두자. 자칫 잘못해서 '분명히 입력한 메모가 저장되지 않는다!' 하는 따위의 일이 생기지 않도록 주의하자.

✓ **메모 · 노트 기본 포인트**

PDA는 만능 전자 수첩. 아날로그 사무용품과 같이 구분하여 사용하면 시너지 효과를 볼 수 있다.

펜으로 메모를 할 수 있는 디지털 사무용품

· 개인 정보관리가 가능한 소형 · 경량 컴퓨터
· '팜(Palm)' '자우루스(ZAURUS)' '클리에(Clie)' 제품이 있다
· 메모 기능도 사용할 수 있다

· 전용 펜을 사용하면 키보드를 사용하지 않고 손으로 쓰는 감으로 메모를 할 수 있다
· 키보드에 익숙하지 않은 사람에게 추천한다
· 긴 문장을 입력하는 일은 별도로 판매하는 키보드를 사용하는 편이 나을 듯하다

시스템 다이어리
· 일람성이 뛰어나다
· 컴퓨터와 정보를 공유할 수 있다

PDA
· 정보검색이 빠르다
· 어느 쪽이나 다른 쪽에는 없는 장점이 있다

시스템 다이어리, PDA는 같이 가지고 다니는 편이 훨씬 효과적이다

1분, 1초라도 빨리
탁월한 비즈니스맨이 되려고 하는 사람
겉모습을 따지는 사람을 대상으로 한다?

UNIT 12

디지털 카메라

풍경 사진을 찍는 용도뿐 아니라 정보를 메모하는 사무용품으로도 활용한다.

✖ 비주얼(Visual) 소재로서 사진을 이용한다

'백문이 불여일견'이라는 말도 있듯이 지루하게 글로 설명을 하는 것보다 한 장의 사진이 설득력을 발휘하는 경우가 있다.

예를 들어 '컴퓨터 모니터가 파손되었다'고 하는 보고서 파일을 작성하면서 파손된 컴퓨터 모니터를 촬영한 사진 데이터를 첨부해 보자. 실물 사진을 첨부함으로써 보고서는 훨씬 구체성을 띠고, 읽는 사람도 이해하기 쉬워진다.

디지털 카메라에 대해선 새삼스럽게 설명한 필요도 없지만 촬영이 간단하고 필름이나 현상비도 필요없다. 보존 장소도 필요치 않다. 데이터는 컴퓨터로 처리할 수 있기 때문에 일반 카메라보다 비용 대비 효과가 단연 뛰어나다. 디지털 카메라만 있으면 비용을 신경쓰지 않고 마음 편히 촬영할 수 있다.

✖ 메모 도구로 이용한다

이런 디지털 카메라를 사진 찍는 이외에 메모용품으로 이용할 수 있다는 점도 파악해 두자.

예컨대 여행 취재 때문에 자주 지방에 가는 사람이 있다고 해 보자. 시외 버스 시간표나 현지 지도가 필요한데, 이것이 옮겨 적거나 가지고 다니거나 하기가 무척 귀찮고 성가시다.

그래서 메모용품으로서 디지털 카메라를 이용한다. 이 모든 잡다

한 필수품을 디지털 카메라로 한방에 찰칵 촬영하는 것이다. 나중에 LCD 화면으로 보거나 컴퓨터로 프린트해서 쓴다. 무엇보다 편하다.

행선지가 가까운 곳이라면 근처 버스 시간표를 촬영하거나 하여 나중에 종이에 옮겨 써도 좋다. 역 앞의 지도를 촬영해 두면 방문지까지 LCD 화면으로 보면서 갈 수도 있다.

✖ 디지털 카메라는 화소가 높은 것이 기본

디지털 카메라를 선택할 때엔 몇만 원 아까워하지 말고 화소(畵素)가 높은 기종을 선택해야 한다. 그렇지 않으면 세세한 문자를 읽을 수 없기 때문이다. 화소가 3백만 이상이라면 용도도 매우 넓다.

또한 촬영한 사진을 그 자리에서 바로 확인할 수 있기 때문에 편리하다.

가격은 성능에 따라 천차만별이지만, 40~50만 원 대라면 비즈니스에서 충분히 사용할 수 있다. 휴대하려면 작은 가방에 여유 있게 들어갈 수 있는 작은 크기가 좋다.

최근에는 휴대전화나 IC 레코더로도 사진 촬영이 가능한 기종이 등장하고 있다. 화질 면에서는 디지털 카메라에 떨어지지만 단순한 화상 메모라면 사용할 수도 있을 듯하다.

✓ 메모 · 노트 기본 포인트

디지털 카메라를 이용하면 비주얼한 자료도 편하게 작성할 수 있다.

음성 레코더

회의 녹음부터 음성 메모까지 용도가 폭넓다.

정확한 기록을 남겨야 하는 중요한 회의나 다시 들을 필요가 있는 세미나에서 메모 · 노트를 보충하는 기기로서 '음성 레코더'를 이용하면 좋다. 음성을 모두 녹음해 두면 나중에 검토와 확인이 가능하여 안심이 된다.

음성 레코더에 관해서 아는 사람은 알겠지만 모르는 사람은 전혀 알지 못한다.

카세트 테이프 레코더라든가 워크맨밖에 알지 못하는 사람이라면 매우 놀랄 만하다.

대표적인 녹음 레코더에는 다음과 같은 기기가 있다. 목적에 따라 선택하기 바란다.

● IC 레코더(음성 레코더)

간단히 말하면 '테이프가 필요 없는 소형 디지털 레코더'다. 요즘 사회에서 음성 레코더의 주역이다. 윗옷의 주머니에 쏙 들어갈 정도로 작고 가지고 다니기도 편하다. 녹음 가능 시간이 많이 늘어나 회의 녹음도 충분히 할 수 있다.

● 마이크로 카세트 레코더

소형 카세트 테이프 레코더로 오랜 기간 음성 레코더의 주역이었다. 물론 아날로그다. 사용하는 방법은 카세트 테이프 레코더와 같은 데 단지 크기가 작은 것만 다르다. 그러나 녹음을 할수록 카세트 테이프 마그네틱이 금방 훼손되거나 늘어나 부분 검색, 부분 변경, 삭제가 불가능하다. 따라서 IC 레코더에 비해 크게 불편하다.

● MD 플레이어

디지털 도구로서는 MD 플레이어도 들 수 있다. 재생 전용과 녹음 가능한 기종이 있는데, 메모용품으로서는 당연히 녹음 가능한 기종을 선택해야 한다. 마이크를 내장한 제품도 있으며 다만 녹음 가능한 기종은 가격이 훨씬 비싼 편이다. 메모용품으로만 쓰려면 IC 레코드를 구입하는 편이 가장 낫다.

● 휴대전화

특별히 음성 메모용품을 사려는 생각이 없는 사람은 휴대전화를 이용해도 좋다. 최근 휴대전화는 '음성 메모'도 할 수 있기 때문에 비록 장시간 녹음은 할 수 없어도 떠오른 생각을 메모할 정도로는 충분하리라 본다.

✔ 메모 · 노트 기본 포인트

음성 레코더는 손으로 쓰는 메모를 보조하는 강력한 기기다.

IC 레코더 활용술

음성 메모의 주역. 디지털인 만큼 장점이 많다.

앞으로 음성 레코더를 구입하려면 뭐니뭐니 해도 IC 레코더 초경량 디지털 녹음기를 선택하라. 이 녹음기는 음성 녹음의 검색도 단한 번에 끝낸다. 데이터의 삭제나 수정도 간단하다. 거추장스러운 테이프가 필요없고 데이터는 컴퓨터로 저장한다. 카세트 테이프의 단점을 모두 극복한 고마운 기기다.

이전에는 녹음할 수 있는 시간이 짧고 메모 정도로밖에 사용할수 없었지만 최근에는 장시간 녹음도 가능해져서 용도도 매우 넓어졌다.

다만 가격이 저렴한 제품은 녹음 가능 시간이 짧기 때문에 회의등 장시간 녹음이 목적이라면 염두에 두어야 한다. 또한 기능도 회사나 기종에 따라 다르기 때문에 구매 전에 잘 점검해 두자.

● 회의, 세미나 녹음은 조용하게 작업을!

메모·노트로 회의, 세미나의 상세한 내용을 기록하는 일은 어렵지만 IC 레코더로 녹음해 두면 나중에 다시 들을 수 있어 편하다. 카세트 테이프 레코더처럼 테이프를 넣을 필요가 없으며 조작할 때에도 절컥절컥 소리가 나지 않고 조용하다. 심각한 회의에서도 기계를다루는 잡음으로 인한 분위기를 깨뜨리지 않는다.

● 남몰래 메모할 수 있다

모임이나 회의에서도 때로는 상대방에게 알리지 않고 녹음하고 싶을 때가 있다. 그럴 때는 가방이나 윗옷 주머니에 IC 레코더를 집어 넣으면 일단은 안심할 수 있다.

대형 할인점이나 백화점에 신제품 점검을 위해 나갔을 때 매장 내에서 메모장을 꺼내 놓고 상품명이나 금액을 공공연히 메모하는 행동은 요즘 첨단시대에 어설퍼 보이기까지 한다. 그런 경우 IC 레코더를 가슴 주머니에 넣어 두고 '신라면 5백 원…'이라는 식으로 기억해 두고 싶은 것을 중얼중얼거리며 녹음한다. 어디까지나 상식의 범위에서 해야 할 테지만.

● 언제 어디서나 메모할 수 있다

윗주머니에 넣어 두면 한손을 쓸 수 없다거나, 걷는 동안이라거나, 어두워서 손에 든 것을 볼 수 없다든가 하는 상황에서도 메모를 할 수 있다.

예를 들어 어두운 밤길을 산책하는 도중에 떠오른 아이디어라거나 만원 지하철 안에서 눈에 들어온 정보는 IC 레코더에 녹음할 수도 있다.

✓ 메 모 · 노 트 기 본 포 인 트

IC 레코더는 언제 어디서나 메모를 할 수 있는 음성 레코더.

현장에서 활용할 수 있는
메모 · 노트 기법

회사에서, 거래처에서 유능한 비즈니스맨은 이렇게 활용한다

약속 잡는 데 준비를 꼼꼼하게 한다

외부 약속은 자기가 주도권을 가지고 잡는다.

✱ 약속은 자기의 일정을 우선으로 하여 잡는다

'오늘은 회사에 가서 차분하게 기획서를 정리하자'며 마음 먹은 날에 갑자기 오후에 새로운 약속이 생기는 경우가 있다. 큰일이 아니라 해도 외부 업무를 하면 반나절을 까먹으므로 시간을 낭비하지 않기 위해서 외출은 되도록 효과적으로 해야 한다.

이를 위해서는 우선 자기가 주체적으로 약속 관리를 하는 것이 중요하다.

우선 미리 일주일 정도의 자기 일정을 꼼꼼하게 파악한다. 그리고 방문할 필요가 있는 거래처를 써 보자. 개중에는 전화로 끝낼 용건도 있을 터이므로 잘 생각해서 필요한 거래처만 뽑는다. 다음으로 자기 일정을 다시 보고 조건이 되는 날짜를 대략 잡아 상대에게 전화를 건다.

당장 약속 전날이 되어 "내일 아침 9시에 뵙는 것이 어떻습니까?"라고 하면 상대방에게 실례지만, "내주 목요일 오후는 어떨까요?" 정도로 시간 여유를 둔다면 이쪽에서 시간을 제안해도 실례가 되지 않는다.

✱ 외출 일정은 한데 모아서 시간 낭비를 없앤다

차분히 앉아서 업무 처리하는 사람에게 외출 예정이 생기면 정신이 딴 데 가게 마련이다.

이럴 때 외출 예정을 날마다 만들지 말고 한 주에 며칠로 정해 둔다. 그러면 오늘은 사무실에서 일하는 날, 오늘은 외출하는 날로 일정을 잡을 수 있다. 외출하는 날은 오전과 오후에 한 건씩, 혹은 오후 2~3건 약속을 잡으면 시간 낭비가 없다.

또한 가까이에 있는 방문처를 모아서 가면 더욱 효율적이다.

예를 들어 마포에 있는 회사에 갈 일이 있다면 같은 날에 마포 방면의 약속을 잡자. 이동 시간은 결코 낭비가 아니므로 효율적이다.

✖ 방문 준비는 철저하게 한다

모처럼 약속을 잡은 것이므로 준비를 꼼꼼하게 해서 빠뜨리는 일이 없도록 해야 한다. 필요한 서류나 도구를 준비하여 무엇을 말할 것인지, 어떻게 대화를 진행할 것인지 등을 미리 메모하며 정리해 둔다. 준비가 부족하면 대화가 이도저도 아닌 상태에서 끝나 버려 "그럼, 다음 주에 다시 와 주세요" 하는 소리를 듣는다. 거래를 유지하기 위해서도 방문 준비는 결코 소홀하게 여길 수 없는 작업이다.

✓ 메 모 · 노 트 기 본 포 인 트

외출 예정은 자신의 일정을 고려하여 결정한다.

전화 메모장을 만든다

전화 메모는 누구에게나 익숙한 사항이다. "문제가 생겼으니 즉시 처리해 주세요"라는 고객의 불만 사항을 전하는 일은 기본 중의 기본으로, 이것을 잊어버리면 해고되더라도 할 말이 없다. 메시지는 정확하게 신속히 전달해야 한다.

그러나 전화는 갑자기 걸려 오기 때문에 아차 하는 사이에 상대의 이름이나 연락처를 빠뜨리는 경우가 드물지 않다. 문제 소지를 사전에 예방하려면 미리 다음과 같은 전화 전용 메모장을 만들어 둔다. 전화가 걸려 오면 여기에 메모를 하고 빠뜨린 사항은 없는지를 확인하면 기본적인 내용을 흘려들을 걱정은 없다.

주로 회사에서 사용하는 사무용품이니만큼 스스로 만들어 써 본다. 이면지도 좋지만 뒷장에 더럽거나 앞장과 내용 착오를 일으킬 소지가 있는 점에 유의해야겠다.

전할 말을 메모한 후 전달받아야 할 사람 눈에 띄는 곳에 놓아 둔다. 당사자가 돌아오면 "김선달 씨한테서 전화가 왔습니다" 하고 직접 전달해도 좋다.

✓ 메모 · 노트 기본 포인트

정보를 정확히 전달하기 위해서 전화 메모장을 만들어 놓는다.

✏️ 전화 메모용지를 작성한다

9월 16일 15시 30분

장운정 님
동심 디자인실 송대리님 전화가 있었습니다.

돌아오는 대로 전화를 주십시오
☑ 나중에 다시 걸겠습니다
☐ 전하는 말을 부탁합니다

메시지

8일 미팅이 10일로 변경되었습니다.
장소는 나중에 다시 알려드리겠습니다.

연락처 02-1234-5678

기획실 주대리가 전화를 받았습니다.

· 전화용 메모는 미리 작성해 두면 수고를 덜 수 있다
· 눈에 띄는 색종이로 만들면 좋다
· 전하는 말을 다 적었으면 곧바로 상대의 책상에 놓아 둔다
· 메모지가 없어지지 않도록 주의한다
· 탁상용 메모 클립 등을 같이 이용하면 좋다

전화로 용건을 전하는 메모

전화를 받는 예절 중 기본을 다시 한 번 확인하자.

모처럼 일에 몰두하더라도 전화가 걸려 오면 단숨에 집중력이 흐트러진다. 전화 담당을 하는 신입사원 무렵에는 좀처럼 업무에 집중하지 못하고 안절부절못하는 법이다. 전화가 없으면 업무가 불가능하겠지만 때로는 전화가 민폐를 끼치기도 한다. 상대방 사정을 생각하여 예절을 지키자.

● 용건은 메모해 둔다

전화를 걸어야겠다고 생각하자마자 전화기에 손을 뻗는 습관은 금물이다. 초조해하지 말고 우선 말할 용건을 메모장에 써 본다. 특히 복잡하게 얽혀 있는 사안의 경우엔 어떤 순서로 상대에게 말을 할 것인지, 어떤 표현으로 말을 할 것인지 간단히 메모해서 정리해 두면 대화를 부드럽게 진행시킬 수 있다.

또한 몇 번씩이나 전화를 거는 일은 상대방에게 폐를 끼칠 수도 있으므로 한 번 걸 때 말할 용건을 정리해서 전달하자. 급하지 않은 용건은 e-메일이나 팩스로 전달하는 방법도 괜찮다.

● 전할 말은 정확하게

숫자는 잘못 듣기 쉽다. 1은 '알'이 아니라 '하나', 2는 '이'가 아니라 '둘'이라고 말하면 혼동하지 않는다. 상대방이 부재중이면 자기 이름, 회사명, 연락처 등과 함께 용건을 전달한다. 이 때문이라도 용건을

전할 내용은 메모로 정리해서 확실히 전달한다

전화로 전하는 말을 부탁할 때에는 다음과 같은
점을 잊지 않는다

- 자기 이름, 회사명, 부서명을 말한다
- 용건을 전한다

전할 내용을 말하기에 앞서 확인하기 위해, "하
림커뮤니케이션의 이강민입니다만…" 하고 다
시 한 번 이름을 밝히는 것이 좋다.

- 자기의 연락처
- 전화를 받은 사람 이름을 확인한다

상대가 이름을 밝히지 않을 때는 "실례입니다만
, 성함을 알려 주실 수 없습니까" 하고 물어 상
대의 이름을 메모해 둔다. 나중에 전달되지 않
는 문제를 방지하기 위해 필요하다.
매우 급한 용건일 때는 휴대전화로 연락을 취해
도 좋다.

- 나중에 확인 전화를 한다

전화를 받은 상대방에게 전하는 말을 부탁하는
경우 제대로 전달되었는지, 당사자가 전화받을
수 있는 시간에 다시 직접 연락을 해서 확인하는
것이 좋다.

용건은 사전에 메모해 두면 확실하다

어제 회의의 결정사항 듣기
3일 회의 시간 확인
인쇄소에 가는 방법을 듣는다
지도가 있는지 없는지

메모해 두는 편이 좋다. 대신 용건을 전해 줄 사람의 이름도 잊지 않고 메모해 둔다. "실례지만 성함을 말씀해 주세요"라고 물어 본다.

● 메일이나 팩스를 동시에 이용한다

전하는 말을 틀림없이 전하고 싶을 때는 전화만이 아니라 팩스나 메일을 함께 이용하는 편이 좋다. 이런 때에 "나중에 팩스도 보내겠습니다" "메일도 보낼 테니 확인해 주세요"라고 전화로 미리 말해 둔다.

● 상대방이 전화 받기 편한 시간을 알아 놓는다

회의를 하고 있을 법한 시간을 피하고 여유 시간을 미리 알아 두고 전화를 건다. 몇 차례 연락을 해보면 상대의 행동 양식을 알 수 있으므로 인맥 카드(205쪽 그림 참조)에 기록해 놓자. 휴대전화 번호를 알려 주는 경우라도 몇 시 정도에 걸어도 좋은지 물어 두자.

● 예절을 지킨다

전화를 거는 상대방에게 머리를 숙여 인사를 한다면 우스꽝스런 짓이지만, 보이지 않는다고 긴장을 풀고 전화 거는 태도도 좋지 않다. 잡지를 읽으면서, 커피를 마시면서 전화를 건다면 지나치게 풀어져 있는 태도다. 개중에는 전화 너머에서 담배 피우는 모습이 훤히 느껴지는 사람도 있는데, 아무리 모습이 보이지 않는 전화상의 대화라도 분위기도 상대방에게 전달되는 법이다.

✔ 메모 · 노트 기본 포인트
전화는 비즈니스의 필수기기. 기본 예절을 잊지 말자.

업무 노트를 작성한다

모든 업무 내용을 기록한다. 능력 향상을 위해서 반드시 있어야 할 필수품이다.

✖ 업무 노트에 모든 업무 내용을 기록한다

여러분께 반드시 실천을 당부하고 싶은 사항은 업무 노트를 준비하여 작성하는 일이다.

자기가 오늘 어떤 업무를 처리했는지, 상황은 어떠했는지, 어떤 방법으로 진행했는지, 보류된 사안은 무엇인지, 누구와 만났고 어떤 인물인지 등 업무에 관한 일체 사항을 세세하게 기록한다. 그리고 의문점이나 반성점, 개인적인 감상 등도 자유롭게 쓴다. 구태여 말하자면 일기를 쓴다고 생각하면 된다.

업무 노트를 작성하면 업무의 진행을 정확히 파악하고 효율적으로 업무를 처리할 수 있다.

또한 나중에 비슷한 상황이 발생할 때 긴요하게 참고가 된다. 작업에 어느 정도 시간이 걸리는지, 평소에 업무 노트를 성실하게 작성하면 귀찮은 일상 업무도 효과적으로 처리할 수 있다.

✖ 노트는 작은 크기로 하되 형식에 구애받지 않는다

어떤 노트인지는 앞에서 설명했지만, A5 크기의 작은 대학노트가 편하리라 본다. A4 크기는 가방에 넣고 다니기에 불편하기 때문이다. 회사에서만 노트를 쓴다면 A4 규격이라도 좋다.

쓰는 방식은 구애받지 않는다. 업무의 진행이나 반성을 줄줄 늘어놓으며 쓴다. 다만 그 단락에 무엇이 쓰였는가를 알아보기 쉽게 표제(중간 제목)는 꼼꼼히 붙인다.

그러면 반성할 점을 보고 싶은 짬에 불필요한 내용은 읽을 필요가 없어진다. 또한 업무의 흐름만을 파악하고 싶은 경우도 역시 마찬가지다. 그러므로 아예 업무의 기록과 자기의 의견 쓸 난을 구분해놓는다. 물론 업무 노트와 반성 노트를 따로따로 만들어도 좋다.

✖ 컴퓨터로 업무 노트를 작성한다

서식을 만들어 컴퓨터에 입력하는 방법도 생각할 수 있는데, 역시 한 번에 훑어볼 수 없다는 단점이 문제다.

노트의 장점은 뭐니뭐니 해도 어떤 때 어떤 장소에서라도 휙휙 페이지를 넘길 수 있다는 점이다.

일부 사람들은 컴퓨터로 작성을 하면 나중에 다시 읽지 않을 것 같기 때문에 대학노트를 애용한다고 한다. 설사 그렇다 하더라도 컴퓨터 입력이 편하기 때문에 강력하게 추천한다. 엑셀 등으로 양식을 만들어 입력한다.

✓ 메모 · 노트 기본 포인트

업무 기록은 상세하게 작성하고 앞으로의 노하우로 만든다.

2004/8/10 ○○○ 팸플릿

★ ○○○의 팸플릿 작성에 착수한다

매년 봄에는 관례가 되어 온 ○○○ 팸플릿 작성 개시.

작년에는 납기를 지키지 못해 납품을 지연시켰기 때문에 오늘부터

착수하게 되었다. 아래에 기록한 사항만 이 부장에게 연락한다.

납품 : 11월 말일(예정)

부수 : 20,000부(예정)

사내 멤버 : 김성운 과장, 권일화, 이강민

모임

우선 세세한 점은 결정하지 않았지만 일단은 회사 직원들과 30분 정도

간단하게 회의. 일정이나 업무의 진행을 간단히 설명. 5일이나 6일

상세한 자료를 준비해서 다시 설명을 하기로 했다. 나 이외의 멤버

는 모두 처음이다.

외부 스태프

외부의 협력 스태프는 작년과 마찬가지로 하림커뮤니케이션으로

예정. <바람소리>에는 전화로 의사 타진만 하였다. 일정을 단축하

기 위해서 하림에 이번 주중에 다시 한 번 연락할 예정. 다음주중에

는 외부 스태프를 포함한 전원이 한 번 미팅을 가질 예정.

자료

상세한 진행 일정, 역할 분담표를 모레까지 작성해야만 한다. 일정

은 작년에 작성한 내용을 토대로 한다.

형식은 자유롭게 쓴다. 하루 하루의 업무를 모두 기록해 둔다

문제점 기록 노트를 작성한다

레벨 업(level-up)을 위해 반드시 필요한 노트

✖ 문제점 기록 노트를 만든다

일이 성사되지 않거나 하자가 발생하면 누구나 낙담과 동시에 '왜 문제가 일어났을까' '어떤 점이 나빴는가' '더 효율적인 방법은 없었을까' 등 여러 생각이 든다. 이럴 때는 두뇌 회전도 빨라지면서 대개 결론이 나오는데, 대부분의 사람은 그 자리에서 반성하면서 끝내 버린다. 그러나 사실은 반성점이나 해결책은 반드시 노트에 기록하여 앞으로의 노하우로 삼아야 한다.

그래서 '문제점 기록 노트'가 필요하다. 이는 업무에서 일어난 문제나 실수에 관해서 상세히 쓴 기록이다. 구체적으로는,

- 문제의 내용
- 문제의 원인
- 경과
- 대처법
- 향후 개선점

등의 내용을 자기 나름대로 분석하고 감상이나 반성점을 상세히 기록해 둔다. 사람은 아무래도 스스로에 대해선 관대해진다. 그러나 노트에 기록함으로써 자기의 문제점을 객관적으로 파악하면 같은 잘못을 되풀이하지 않을 수 있다. 잘못은 누구에게나 있지만 그것을 진지하게 인식하여 두 번 다시 되풀이하지 않는 점이 중요하다.

✖ 회사에서 작성하고, 정보원으로 삼는다

컴퓨터 시스템을 구축 · 운영하는 회사는 대체로 '사고 기록 노트'쯤 되는 노트가 있다고 한다.

시스템에서 사고가 일어난 경우, 발생 일시, 원인, 대처법, 대처에 걸린 사람 수와 시간, 사후 처리, 고객(클라이언트)에 대한 연락방법, 담당자의 코멘트 등, 그때 일어난 모든 것을 상세히 기록해 둔다고 한다.

노트는 회사에서 소중히 보관하고 있으며, 다음에 사고가 일어날 때에는 꼭 이 노트를 펼쳐 보고 과거에 일어난 같은 종류의 문제점을 참고한다고 한다. 최첨단 정보기술을 활용하는 회사인데도 사고 기록 보고서는 아날로그적으로 노트를 사용한다고 한다.

"같은 잘못을 되풀이하지 않는다. 한 번의 사고에서 많은 것을 배운다"는 말은 비즈니스맨의 철칙이다.

✔ 메 모 · 노 트 기 본 포 인 트

문제에 정면으로 대응하여 오류를 되풀이하지 않는다.

보고서 정리 요령

첨부 자료에는 비주얼한 요소를 집어넣는다.

✖ 보고서는 간결하고 정확하게

보고서는 무엇보다도 전형적인 비즈니스 문서다. 업무 노트와 비교하여 결정적인 차이점은 읽는 상대방이 반드시 존재하는 서류라는 점이다.

그 때문에 내용을 간결히 쓰고 정확하게 전달하는 방식이 중요하며, 일체의 군더더기가 필요하지 않다.

보고서 작성은 귀찮은 일이지만 반드시 해야만 하는 업무다. 보고서는 대개 정해진 형식이 있다. 회사에 따라서는 양식을 구비하고 있지만, 만약 없다면 만들어 두는 편이 좋다.

보고서를 어떻게 써야 좋을지 알 수 없는 사람은 견본이 될 만한 샘플을 클리어 파일에 보관해 두고 참고한다.

✖ 첨부 자료

매출 보고는 실제 숫자 보고가 중요하다. 그러나 보고서 본문에 지루하게 해설을 해 버리면 아무래도 읽기가 쉽지 않다.

그래서 데이터, 참고문헌 등 분량이 제법 많은 자료는 첨부 자료를 별도로 작성하여 제출한다. 첨부 서류가 있다면 작성한 보고서의 마지막에 반드시 서류명과 부수를 일일이 써야 한다. 첨부 서류가 여러 개 있는 경우엔 번호를 표시하여 알아보기 쉽게 한다. 또한 원래 보고서와 같은 A4 크기로 작성한다.

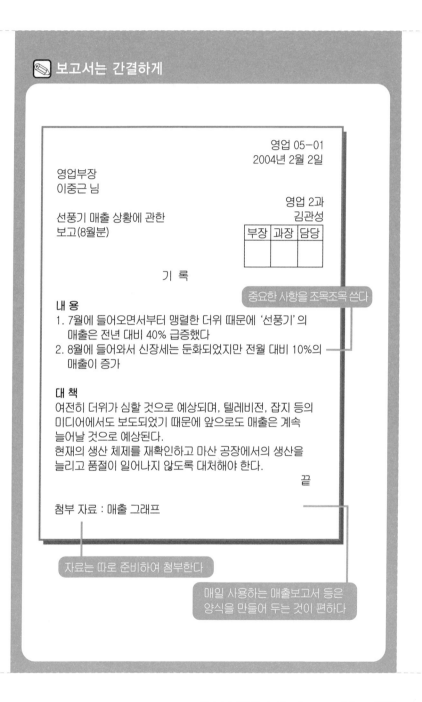

보고서는 간결하게

영업 05-01
2004년 2월 2일

영업부장
이중근 님

영업 2과
김관성

선풍기 매출 상황에 관한
보고(8월분)

부장	과장	담당

기 록

중요한 사항을 조목조목 쓴다

내 용
1. 7월에 들어오면서부터 맹렬한 더위 때문에 '선풍기'의
   매출은 전년 대비 40% 급증했다
2. 8월에 들어와서 신장세는 둔화되었지만 전월 대비 10%의
   매출이 증가

대 책
여전히 더위가 심할 것으로 예상되며, 텔레비전, 잡지 등의
미디어에서도 보도되었기 때문에 앞으로도 매출은 계속
늘어날 것으로 예상된다.
현재의 생산 체제를 재확인하고 마산 공장에서의 생산을
늘리고 품절이 일어나지 않도록 대처해야 한다.

끝

첨부 자료 : 매출 그래프

자료는 따로 준비하여 첨부한다

**매일 사용하는 매출보고서 등은
양식을 만들어 두는 것이 편하다**

✖ 비주얼한 내용를 집어넣는다

이해하기 쉬운 보고서를 작성하려면 그래프나 사진과 같은 그림을 집어넣는 방법이 가장 좋다.

예를 들어 매출액의 추이를 글로 설명하면 잘 이해되지 않지만, 그래프를 만들면 숫자의 증감을 한눈에 파악할 수 있다.

또한 시계열표(時系列表)와 같은 데이터는 문자 데이터를 괘선으로 묶는 것만으로도 충분히 보기에 좋고 읽기 쉬워진다. 사진이나 그림 등을 첨부하면 훨씬 효과적이다.

그래프나 표는 어려운 듯 보이지만 '엑셀' 같은 소프트웨어를 사용하면 간단히 작성할 수 있다.

만드는 데 지나치게 시간이 걸린다면 본말이 전도되는 일이긴 하지만 다른 사람과 비교하여 훨씬 낫고 두드러진 보고서를 작성하려면 이러한 비주얼 시각적 요소를 빼놓을 수 없다.

✓ 메모 · 노트 기본 포인트

보고서는 요령 있게 이해하기 쉽게 정리한다.

회의록 정리 요령

의제를 명확히 하면서 간결하게 정리한다.

　　신입사원은 회의 기록을 돌아가면서 맡기도 하는데, 이것은 당사자에게 큰 부담이기도 하다. 회의중에 엄청 열심히 메모를 하고 나중에 지저분한 메모를 보면서 일일이 깨끗하게 다시 정리한다. 힘들게 고생한 끝에 회의록을 만들어 참석자들에게 나눠 주더라도 슬프게도 읽지 않고 그대로 휴지통으로 직행하는 경험이 한두 번쯤은 있게 마련이다.

　　왜 이럴까? 대부분의 회의록은 받아도 읽을 마음이 나지 않는 문서이기 때문이다.

　　회의, 세미나는 무척 많고 시간도 많이 들어간다. 그러나 '지금 하는 회의의 목적이 무엇이지?' '나는 어떤 발언을 하는 게 좋을까?' 하며 회의중에 조는 경우도 종종 있다. 회의가 끝나서 '그럼, 오늘은 무엇에 대해 얘기했지?' 하고 생각하는 경우도 흔하다.

　　이것은 회의의 목적이나 사안의 결정 방식에 큰 문제가 있기 때문이다.

　　'5월 회의' '내년을 향해' 처럼 추상적이라면 무엇을 발언하면 좋은지, 의견을 정리해 둘 수가 없다. 참석자는 아무 생각 없이 관련이 있을 법한 이야기를 두루뭉수리하게 하고, 아무 생각 없이 끝나는 것이 보통이다. 이래서는 의미가 없다.

　　'작년과 달리 어떤 상품을 개발할 것인가' '어떤 이벤트를 기획할 것인가' 처럼 가능한 한 구체적인 의제를 제시해야 한다.

회의록을 쓸 때에는 그 의제를 붙인다. 더욱이 회의록 맨 처음에 써 놓는 것이 좋다. 동시에 이 의제에 대한 결론도 의사록의 마지막에 쓴다. 그러면 나중에 읽을 때에 '새로운 이벤트 기획에 관해서 이야기했구나' 하고 이해할 수 있다.

이처럼 의제와 결론이 확실하지 않으면 모처럼 만든 회의록도 이해가 되지 않는 정보의 나열에 불과해지기 십상이다.

물론 의제와 결론만이 전부는 아니다. 회의에서는 결론에 도달하기까지 다양한 의견이 나오기 때문이다. 그렇다고 해서 참석자의 발언을 모두 적는 일은 불필요하다. 회의의 흐름을 파악하면서 왜 그러한 결론이 나왔는지, 그 결론에 어떤 의미가 있는지, 요점을 간결하게 정리한다. 회의에서는 많은 사람이 이러저러한 의견을 말하지만, 세세한 대목은 생략해 버려도 좋다.

이상과 같은 요령을 파악해 두면 의미 있는 회의록을 작성할 수 있다. 모처럼 귀중한 시간을 들여 작성한 문서이므로 하다 못해 한 번쯤은 읽힐 수 있게 만들어야겠다.

✔ 메모·노트 기본 포인트
의제를 정확히 쓰고 자료로서 읽힐 만한 회의록을 만든다.

회의록은 의제를 명확히

○○○○의 이벤트 행사 제1회 회의

의제 : 주 대상을 누구로 하는 내용으로 꾸밀 것인가
　　　유사 이벤트와는 어떤 점에서 차별화할 것인가
일시 : 2004/5/1(금) 13:00~15:00 장소 : 3층 회의실
참석 : 박주간, 오부장, 이차장, 최과장
주관 : 김사장
기록 : 서대리

금년도는 어떤 특색을 갖는 마케팅 이벤트를 할 것인가에 대해서
이야기함. 최과장이 작성한 초안을 토대로 회의

회의 포인트
1. 독자층을 어디로 할 것인가. 이제까지의 독자층은 40대 이상이
　 중심이었으며, 이것은 지금까지 중요하게 취급되어 왔다. 그러
　 나 앞으로는 독자층을 넓힐 필요가 있다. 이제까지의 독자층만
　 을 대상으로 하는 것이 아니라 20대의 젊은층도 흥미를 가질
　 만한 내용으로 할 필요가 있다.
2. 다른 출판사에서도 비슷한 컨셉의 책을 출판하고 있는데, 대부
　 분 소수 마니아를 대상으로 한 것이 아니다. 그러므로 전문적인
　 지식이 없는 사람도 쉽게 이해할 수 있는 내용 등, 누구에게나
　 접근할 수 있고 마음 편하게 할 수 있다는 점을 전면적으로 내건
　 내용으로 한다. 이에 따라 이벤트도 같은 대상에 부응하는 내용
　 으로 마련한다.

결정 사항
· 20대 젊은이를 의식
· 여성도 타킷으로
· 전문지식이 없는 사람이라도 읽을 수 있는 내용으로 한다

제2회 회의
6월 9일 11:00~(예정)
· 구체적으로 어떠한 이벤트를 잡을 것인가
　 오늘의 이야기 결과를 토대로 이야기한다
· 각자 두세 가지 아이디어를 생각해 올 것

UNIT 08

회의를 위한 메모 · 노트술

준비부터 회의록까지 회의시 메모 · 노트 방법

✖ 회의는 메모로 사전에 준비를

의미도 없이 몇 차례나 열리고 진행도 원활하지 못한 회의가 많다. 귀중한 시간을 이렇게 낭비하지 않기 위해서는 회의를 막힘이 없이 진행시키고 문제를 다음으로 넘기지 않게 마무리 짓는 회의를 위한 충분한 사전 준비가 필요하다. 회의 전에는 의제에 관한 자기의 의견 등을 미리 메모한다. 그러면 자기의 생각도 정리할 수 있고, 발언, 질문할 때 중요한 내용을 잊지 않는다. 단지 무턱대고 발언을 하면 된다고 생각할 것이 아니라 상황과 분위기를 잘 읽으며 거기에 맞춰서 발언하는 지혜가 필요하다. 자기 업무에 관한 회의라면 필요한 자료나 데이터를 준비하여 배포하자.

✖ 회의중의 메모

신입사원에게 회사 안팎의 사람이 함께 모이는 회의는 참석자의 사고방식이나 다른 사람을 알 수 있는 좋은 기회다. 많이 발언하여 자신을 부각시키는 것도 좋지만 메모를 하면서 곰곰이 귀를 기울이자. 회의 참석자의 이름은 잊지 않고 메모한다. 얼굴과 이름이 일치하지 않는 참석자가 많은 경우엔 처음에 좌석과 이름을 메모해서 의자에 놓아 두어도 좋다. 나중에 회의록을 쓸 때에도 참고가 된다.

회의는 어디까지나 대화의 장이다. 메모하는 데에만 신경을 쓰면 중요한 대화를 소홀히 여기기 십상이다. 그래서 회의 중의 메모는 되도록 줄이고, 핵심 단어만 적는 것이 좋다. 그러려면 회의의 흐름을 잘 파악하는 것이 중요하다.

회의에서는 다양한 사람이 이러저러한 발언을 하고, 최종적으로 결론이 도출된다. 따라서 처음부터 결론을 정리해서 쓰는 일은 어렵다. 능숙한 사람은 그 자리에서 정리하지만, 처음에는 회의 중에 받아적을 심산으로 메모만 하고, 회의록은 회의 후에 제대로 정리하는 습관을 들인다.

✖ 음성 메모도 병행한다

중요한 회의라면 음성 레코더로 녹음하는 편이 확실하다. 과거에는 테이프 레코더로도 충분했는데, 테이프를 바꿔 끼우는 일이 번거로울뿐더러 절컥절컥하는 소리가 나서 분위기가 흐려진다. 예산이 있다면 IC 레코더 구입도 고려해 보자.

참석자가 회사 외부 사람들로만 구성되어 있어 면식이 없는 사람뿐이라면 녹음해도 누구의 발언인지 알지 못하는 경우가 있다. 음성 레코더에만 의존하지 말고 메모도 병행해야 한다.

또한 회의록이란, 기본적으로 들으면서 쓰는 기록물이므로 잘못 들을 수가 있다. 정확한 기록을 할 수 있도록 주의를 기울이자.

✓ 메모 · 노트 기본 포인트

회의의 흐름을 파악하고 요점을 파악하며 기록한다.

신문 · 잡지 정보의 정리술

마음에 둔 기사는 스크랩하여 지식을 쌓는다.

● 스크랩을 계속할 수 있는 요령

신문 · 잡지 스크랩은 누구나 한 번은 해보지만, 2~3일 만에 좌절하곤 한다.

매일 많은 기사를 오릴 필요는 없다. 부담이 되지 않을 정도로 정보를 축적하자.

● 요령 ① - 즉시 오려낸다

기사를 읽으면 그 자리에서 오려낸다. 나중에 하려고 미루면 결국 못할 게 뻔하다. 지하철이나 화장실에서 읽고 있는 경우에도 읽는 그 자리에서 오려서 클리어 파일에 끼워 둔다. 오려낸 기사에는 날짜와 신문명을 써 두자.

잡지도 신문과 마찬가지로 재미있는 정보가 눈에 띄면 그 자리에서 오려내자. 포스트잇을 붙이거나 빨간펜으로 동그라미를 치거나 페이지를 접어 두더라도 다시는 보지 않게 된다. 잡지는 그대로 놓아두면 장소를 차지하기 때문에 기사를 오리면 잡지는 버리자. 집이라면 그나마 괜찮겠지만 회사에 놓아 두면 지저분해진다.

● 요령 ② - 잠시 시간을 두고 폐기처분 대상 기사는 빨리 버린다

기사를 오렸으면 일단은 전용 서류함에 놓아 둔다. 서류함은 아무거나 좋다. 그리 많이 스크랩을 하지 않으면 클리어 파일에 끼워

신문기사를 스크랩한다

신문기사를 스크랩한다
신문기사는 읽은 자리에서 오려낸다
잡지기사도 즉시 오려내고 잡지는 버리자

오려낸 기사는 서류함 등에 넣어 두고,
얼마간 시간이 흐른 후에 보고 도움이 안 되는 기사는 버린다

스크랩북에 붙인다. 붙였다 뗄 수 있는 멘딩 테이프로
고정시켜 두는 것이 좋다

서류함은 종류별로 분류하는 것이 좋다
다만 아주 세세하게 분류하지 않는 것이 중요하다

불필요해지면 기사를 떼어 버린다
기사를 붙인 종이째 버려도 좋다

· 이야깃거리 정도 내용은 메모장에 핵심 단어를
  두어 줄 메모해 두면 좋다
· 이것저것 다 오려붙이면 부담이 커져서 스크랩을
  계속할 수 없을 지경에 이른다
· 어느 정도 범주를 한정하여, 전문지식을 심화시킬 수
  있도록 노력하자

놓아도 좋다.

오려낸 기사는 1~2개월 그대로 놓아 두고 그 후 다시 한 번 살펴본다. 그러면 대개 3분의 2는 쓸모 없는 기사가 되므로 필요없는 기사 스크랩은 버리자. 그리고 남은 기사만 스크랩북에 정리하자.

● 요령 ③ – 스크랩북은 직접 만들어도 좋다

기사 스크랩에는 스크랩북이 필요한데, 직접 만들어 쓰기도 한다. A4 크기 이면지에 펀치로 구멍을 뚫고 링바인더로 철해 두기만하면 된다. 불필요해진 기사는 기사를 붙인 종이째 버리자.

기사는 뗄 수 있는 테이프로 정리해 둔다. 아주 빈틈없이 붙이면 떨어지지 않으므로 주의한다. 공간이 있으면 비슷한 기사가 있는 곳에 함께 붙여 둔다. 한쪽 면만 붙이는 것이 요령이다.

신문기사를 오려내면 무제한으로 양이 늘어나므로 적당한 시간이 지나면 정리·폐기한다.

● 요령 ④ – 분야를 압축한다

이것저것 다 오려내지 말고 '금융' '세금' 처럼 자기가 흥미를 가진 분야, 혹은 전문지식을 쌓고 싶은 분야로 폭을 좁히는 것이 좋다. 읽는 신문은 여러 종류라도 좋다.

스크랩북은 '정치·경제' '기타' 처럼 부문별로 몇 권을 만들어도 좋지만 지나치게 세세하게 분류하면 분류하다가 지쳐서 금방 포기하게 되므로 서너 권이 적당하다.

● 신문기사는 데이터베이스로 검색할 수 있다

각종 신문을 한꺼번에 보려면 카인즈(KINDS, www.kinds.or.kr)로 검색할 수 있다. 막상 필요할 때는 광범위하여 편리하다.

다만 컴퓨터에서 찾는 기사 검색은 어디까지나 필요할 때 정보를 효과적으로 입수하기 위한 수단이다. 지식 축적에는 용이하지 않으므로 종이 신문 스크랩을 권하는 편이 좋다.

● 신문으로 빠짐없이 정보수집을 하자

그런데 여러분은 신문을 구독하는가? 혼자 사는 젊은 비즈니스맨은 신문을 구독하지 않는 사람도 많을 듯한데, 회사 신문은 마음대로 스크랩할 수 없으므로 일단은 신문을 구독할 필요가 있다. 신문을 읽을 때는 자기에게 알맞은 시간을 정하는 것이 좋다. 아침에 일찍 일어나서 느긋하게 읽을 수 있다면 아침이라도 좋고, 낮이나 밤도 좋다. 신문을 읽는 습관을 생활 패턴으로 정착시켜 보자.

비즈니스맨이라면 역시 세상 돌아가는 사정을 알아야 한다. 일정한 시간에 읽겠다는 데에 구애받지 말고 매일 신문을 읽는 습관을 들이자.

✓ 메모 · 노트 기본 포인트

전문지식을 높이기 위해 정보 수집을 게을리하지 않는다.

인맥 카드를 만든다

상투적인 명함 교환만으로 끝나 버리지 않는 인간 관계를 쌓기 위해

✖ 개인 정보는 '인맥 카드'에 기록한다

업무 관계로 다른 사람과 만나면 인사를 하고 당연히 명함을 교환한다. 중요한 이야기를 하지 않는 경우도 많지만 중요하지 않은 대화 속에서도 상대방 정보를 이것저것 모을 수 있다.

예를 들어 얼마나 그 회사에서 근무했는지, 어떤 분야에 능숙한지, 인맥·인간 관계는 어떠한지 등을 알 수 있다. 만나는 횟수가 많아지면 취미, 가족 구성, 연령, 사는 곳, 경력 등의 사적인 정보도 얻을 수 있다.

그러므로 상대방 정보를 얻을 요량으로 대화를 해야 한다. 그렇다 해도 꼬치꼬치 캐묻는다든지 하는 행동은 실례이므로 일상적인 대화 속에서 상대방 정보를 얻어야 한다. 자기의 일만 말한다면 그것도 예절에 어긋나는 모습이다. 듣기도 해야 한다. 좋은 의미에서 상대방에게 흥미를 가지고 있다는 점을 부각시킬 수 있다.

사람과 만나는 일을 싫어하지 않는 성격이라면 이러한 정보 수집도 업무를 위한 행동이라고 생각하지 않고 즐길 수 있다. 번거로운 점도 있지만 업무를 하고 있기에 다양한 사람과 만날 기회가 있다고 생각해 보자.

✖ 인맥 카드의 장점

이렇게 얻은 개인 정보는 먼 훗날 도움이 된다. 결코 그 자리에서

인맥 카드로 개인 데이터를 저장한다

다른 사람과 만나면 인맥 카드에 정보를 기록해 둔다

2004. 5. 6

이 름	홍길동(洪吉童)
연 령	36
회 사	하림커뮤니케이션 디자인실
연락처	주소 : 서울특별시 마포구 서교동 000-000
	전화 : 02-000-0000 휴대 전화 011-0000-000

업 무	고사성어 사전 디자인, 표지 담당
이 력	가나다 출판사 디자인(2001년까지)
특 기	포토샵을 능수능란하게 다룸
	Quark익스프레스 편집에 일가견이 있음
	북디자인 16년 경력
취 미	조기 축구회 멤버. 자장면을 좋아함
	사진찍기를 좋아하는데 전문가 수준의 촬영기술
	니콘 카메라를 선호
자 택	서대문구 창천동 (이화여자대학 근처)
가 족	아내, 초등학교와 유치원에 다니는 딸 둘
메 모	△△기업 우종택 상무에게 소개받았음
	AS 에이전시에 연고가 있다.
	서울 출신. 신촌고, 신촌대 졸업

> 특기나 취미 같은 개인 신변에 관한 사항을 구체적으로 기입한다

실례가 되지 않을 정도로 질문을 하고, 적극적으로 상대의 정보를 얻는다

이 회사에서 근무한 지는 오래되었습니까?

포토샵을 잘 하신다고 들었습니다만

흘려 듣지 말고 노트나 메모장에 기록하자. 전용 인맥 카드를 만들어 명함이나 대화에서 얻은 정보를 세세히 기록하여 저장하자.

정보를 모아 두면 '특정 기업에 관해 알고 싶을' 때 원하는 정보를 바로 찾아낼 수가 있다. 일을 하다 보면 이러한 '사람 찾기'는 종종 있는 일이므로 인맥을 만들어 두어야 도움 받을 수 있다. 물론 상대에게 도움을 요청받으면 가능한 범위 내에서 도와준다. 이 주고받기는 철두철미하게 끊임없이 의식하고 있어야 한다.

또한 이런 카드를 만들어 두면 다음번에 그 사람과 만날 때 이야깃거리를 준비할 수 있다.

예를 들어 그 사람이 컴퓨터에 정통하다거나, 프로 야구를 좋아한다거나 하는 사항을 미리 검토해 둔다. 특히 잘하는 분야에 대해서는 이쪽도 배울 요량으로 알고 싶은 사항을 준비해 두면 좋다. 대화가 편안하게 진행되면 상대에게도 좋은 인상을 남길 수 있고, "그럼 또 뵐까요?" "다시 부탁드립니다"라는 좋은 분위기로 대화를 끝맺을 수 있다.

✖ 어떤 카드를 이용할까?

전용 양식을 작성하여 박스에 넣어 보관하는 사람도 있다. 카드 매수가 늘어날 경우 목록를 만들어 두면 편리하다. 종이는 아무거나 상관없지만 다소 두꺼운 재질이 정리하기 편하다.

노트가 아니라 카드를 이용하고 있다면 가나다 순으로 나란히 늘어놓을 수 있고 필요 없어진 카드는 버리기도 간단하다. 많은 사람과 만나더라도 이를테면 3년 전에 한 번 만난 것이 끝이라서 얼굴도 떠오르지 않는 사람이 대부분이다. 명함 관리도 마찬가지인데, 그닥 중요하지 않은 카드는 버리는 것도 중요하다. 불필요한 정보를 가지고 있으면 중요한 정보가 파묻혀 버린다.

✖ 카드는 만나는 대로 작성한다

누군가를 만나면 그날 안으로 카드에 기록한다. 며칠 지나면 기억이 흐려지고 정확한 정보를 남길 수 없기 때문이다. '바로 한다'는 비즈니스맨의 기본 동작이라고 자각하자.

또한 취미 등 업무 이외의 정보도 필요하지만 주관적으로 사적인 정보를 이것저것 쓴다면 도움이 되지 않는다. 어디까지나 사실을 객관적으로 사무적으로 쓰자. 또한 카드 보관은 자신만이 볼 수 있게 잘 두고 제3자가 마음대로 볼 수 없도록 주의해야 한다.

✔ **메모 · 노트 기본 포인트**

업무에서 유용한 인간 관계는 꾸준한 정보 수집으로부터 쌓아가자.

명함에 메모하기

명함에 한마디 쓰는 메모가 실은 유용하다.

✖ '한마디' 메모

'명함 메모'는 통상적인 일로 인식하자.

첫 대면하는 사람으로부터 명함을 받으면 명함 뒷면에 '안경' '머리숱이 적다'처럼 그 사람의 특징을 메모해 둔다. 길게 쓸 필요는 없고 한마디로 족하다. 그 인물을 강하게 인상 지움으로써 나중에 떠올릴 때 유용하다. 심지어 명함의 뒷면에 간단한 얼굴 캐리커처를 그리는 사람도 있지만, 그림만으로는 도리어 알아볼 수 없는 경우도 있으므로 특징도 함께 써 넣는 것이 확실하다.

또한 앞에서 소개한 '인맥 카드'를 작성할 것까지는 없는 사람의 경우엔, 그 사람의 개인 정보, 예를 들어 취미나 특징 등을 명함 뒷면에 써 두어도 좋다.

그 밖에 써 두어야 할 사항이 명함을 받은 '날짜'다. 어떤 사람인지 잊어버린 경우, 그 날짜를 수첩의 일정에 대조해 보면 생각이 날 수 있기 때문이다. 나중에 명함을 폐기할 때, 날짜를 참고로 해도 좋다.

✖ 사용하지 않는 명함은 버린다

'명함이 꽉 차서 별 도리가 없다'는 사람은 지금 당장 명함철을 정리해 보자. 3년 전에 한 번 조우한 이후 만나지 않아 얼굴도 기억나지 않거나, 누구였는지 좀처럼 떠오르지 않는 사람의 명함을 아직도 고이 간직하고 있는 것은 아닐까? 직장인이라면 이동이 잦아 연락처

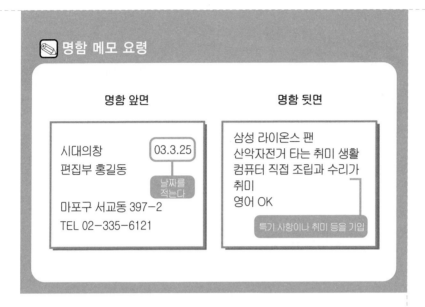

명함 메모 요령

명함 앞면

시대의창
편집부 홍길동

03.3.25
날짜를
적는다

마포구 서교동 397-2
TEL 02-335-6121

명함 뒷면

삼성 라이온스 팬
산악자전거 타는 취미 생활
컴퓨터 직접 조립과 수리가
취미
영어 OK

특기 사항이나 취미 등을 기입

가 종종 바뀐다. 몇 년 전의 명함을 가지고 있어 보았자 그닥 쓸모가 없다.

명함 정리의 비법은 '사용하지 않는 명함은 버린다'는 점에 있다. 일년에 한 차례 대청소하는 마음으로 명함을 정리하자.

✖ 끄집어낸 명함은 맨 앞에 놓아 둔다

상자로 만든 명함꽂이인 경우 전화를 걸거나 해서 꺼내 본 명함은 각 항목의 맨 앞에 넣어 두는 것이 좋다. 한번 끄집어 낸 명함은 다음에 또 볼 가능성도 높기 때문이다. 명함을 찾을 때는 이름 항목대로 분류하거나 하여 찾으면 시간 낭비를 줄일 수 있다.

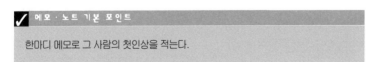

✔ 메 모 · 노 트 기 본 포 인 트

한마디 메모로 그 사람의 첫인상을 적는다.

나로부터 시작하는 **물결 리더십**
The Wave

글로벌 리더가 되기 위해서는
먼저 자기 자신이 '강력한 물방울'이
돼야 하고 상상력과 창의력을 통해
자기 혁신을 이루어야 한다!

유혜선 지음 | 256쪽 | 12,800원

옛사람들에게 묻는 **부자의 길**
錢道

부자의 길에도 道가 있다!
부자라고 욕하지 마라, 부자에게도
돈에 대한 '道'가 있다!

서신혜 지음 | 240쪽 | 12,000원

독자를 먼저 생각하는 정직한 출판